Depende de Ti, de ti depende

Rafael Gómez Pérez

Depende de Ti, de ti depende

Depende de Ti, de ti depende

Serrano 51
28006 Madrid
(España)

Primera edición: Febrero de 2023
ISBN (Papel): 978-84-17539-72-6
D.L.: M-4759-2023
ISBN (Digital): 978-84-17539-73-3

Diseño de cubierta: BibliotecaOnline SL
Composición: BibliotecaOnline SL
Impresión y encuadernación: PodiPrint
Impreso en España-*Printed in Spain*

Contenido

Introducción

Este es un libro de espiritualidad y un libro de oración, puesto que se habla con Dios. Hay, a la vez, un mínima trama para situar las oraciones donde mejor están: en medio de la vida de todos los días.

La primera parte son oraciones escritas, breves, sobre muchos temas.

La segunda parte es imaginar cuál sería la respuesta de Dios a las oraciones de los seres humanos.

Hay personas a las que les es más fácil hacer oración escribiendo que solo con la mente. Eso es oración mental, que se transcribe.

Primera parte: Depende de Ti

Un sueño

Una noche de marzo, el día de su cumpleaños, P., hombre de mediana edad, casado y padre de tres hijos, soñó que en la pared de enfrente de su cama, una mano, que apenas se podía entrever tras una nube azul, escribía estas palabras: De ti depende.

Al despertarse, le vinieron a la cabeza de nuevo, en la seminconsciencia, con una variación: Depende de Ti.

Una hora más tarde, sentado ante el ordenador, se le ocurrió una modalidad actual de lo que se llamó, durante siglos, las *sortes biblicae*: abrir al azar una página de la Biblia y creer que el primer texto que aparecía era una lección o una dirección esencial para la vida de quien consultaba. Ya se había utilizado antes del cristianismo, por lo que se consideraba una suerte de reliquia pagana. Pero san Agustín, en el momento previo a su conversión, oyó las palabras *Tolle, lege*, toma, lee y usó el antiguo sistema. No fue simple suerte, sino suerte en manos de Dios lo que le propuso que leyera un texto de la epístola de san Pablo a los Romanos, que cambió su vida.

P., en lugar de utilizar la Biblia, puso "De ti depende" en un buscador de internet. Le salieron la letra de varias canciones que tenían ese titulo. Una, de un cantante de salsa, se lamenta de un amor imposible y a la vez invoca a Dios para que le ayude: "De ti depende, Señor, de ti depende".

Por la tarde, casi al anochecer, P., a la hora que solía hacer un rato de oración, entendió que "De ti depende" tenía dos lecturas: depende de Dios, de Ti, y depende de la libertad de cada persona, de ti. En las circunstancias en que estaba viviendo, con dificultades graves en el trabajo y en la familia, se aferró al Depende de Ti. Durante semanas, aunque no todos los días, escribió las oraciones. Estas son algunas de ellas.

Te escribo

Señor, me es más fácil escribirte que hablarte. Soy torpe al hablar, y, si hay público, me viene un leve tartamudeo y la voz se me cansa pronto. En cambio, cuando escribo, parece que mis pensamientos y mis deseos fluyen, como si estuvieran esperando que les abrieran las puertas. Solo el contar me nace claro al contarle un cuento, para que se duerma mi hija pequeña, Ángela, de cinco años.

Vas a sonreír con esto, pensando que quién me he creído. Pero me he animado a escribirte recordando el principio del *Apocalipsis*, de Juan. A él se le aparece tu hijo, lleno de majestad, y le dice: "lo que ves escríbelo en un libro". Yo te escribo como resultado de un sueño, pero tú eres también el Señor de los Sueños. Solo me creo lo que soy por ti.

Nunca he escrito mucho en mi vida. Solo cartas y los informes del trabajo. Pero, al escribirte, la pluma, una pluma de las de antes, se desliza en el papel como si estuviera animada por un buen espíritu, por un ángel. O así lo quiero creer, porque, por mí solo, acabaría después de tres o cuatro frases tópicas y rutinarias.

Te quiero escribir breves cartas, que no necesitan franqueo ni ser enviadas, porque llegan a destino en el corazón de mi pensamiento. Te contaré algo de lo que me pasa y un poco más de ideas que me vienen a la cabeza, de la dificultad, a veces, de creer. De lo que me duele o de lo que me alegra.

Te llamo Señor o Padre, pero te tuteo. Es muy grande que podamos tutearnos contigo cuando, aquí en este mundo, algunos, que no son casi nada, te exigen que los trate de Excelencia. No hay más majestad que tu majestad, pero prefieres que te llame Padre.

Siempre hijo

Padre, enséñame a reconocer que soy, antes que nada, hijo. Te invocan, en todo el mundo, como Padre nuestro. Así es, pero lo veo más claro si te digo, Padre mío, mi Padre. Así lo decía Jesús, cuando, resucitado, se aparece a Maria de Magdala: "Subo a mi Padre y a vuestro Padre". Decimos Padre nuestro porque eres el Padre de cada ser humano, y cada uno puede decir, mi Padre, como si fuera hijo único, porque para ti, cada uno es así. Tú no nos creas en masa, sino que cada persona es como tu primera obra.

Dejo a quienes saben mucho más que yo, explicar cómo se compagina el Dios de algunos textos del Antiguo Testamento con el Padre amoroso, inquieto por su hijo, esperándole siempre, que tu hijo nos contó en la parábola del hijo pródigo. Pero pienso que todo lo que podía no entenderse en los textos antiguos quedan diáfanos en las enseñanzas de Jesús. Los Evangelios están llenos de parábolas. Algunas se entienden a la primera. Las que no, él las explicaba, a veces con el primor del detalle.

Puso ejemplos para que todos lo entendiesen: si un hijo pide un pez, el padre no le dará una serpiente; si pide pan, no le dará una piedra. Y añadió: si vosotros, que sois malos, os comportáis así, cómo hará vuestro Padre que está en los cielos. Explícame, Padre, que quiere decir eso de "sois malos". Entiendo que quiere decir "vosotros, que hacéis cosas malas, pero no sois la maldad sin más, porque, al ser limitados, lo somos también en lo malo, y acciones malas se conjugan con acciones buenas". Eso: dar al hijo lo que necesita.

Amigos, conocidos y personas que no creen en ti me recuerdan que ha habido y que hay padres que no quieren a sus hijos, que los maltratan, que abusan de ellos. Otro día procuraré hablar contigo sobre algo más trágico y parece que inevitable, la presencia cotidiana del mal. Pero hoy evoco ante ti los millones de ejemplos de madres y padres entregados al amor hacia sus hijos desde que saben que han sido concebidos. Si se tuviera que poner un dechado, como se decía antes, de lo que es amor y entrega habría que mirar a esos padres y a esas madres. Quizá ellos no lo saben, pero están imitando tu paternidad que es a la vez maternidad.

Cuando los hijos crecen y pueden valerse por sí mismos sucede con frecuencia que parece que se alejan de los padres. Ven lo de ser hijos con una especie de despego. Más tarde, quizá cuando ellos mismos son padres o madres, entienden mejor qué es ser hijo. A tu paternidad, Padre, no hace falta volver, porque la independencia personal la tenemos desde el principio. Déjame evocar de nuevo la parábola del hijo pródigo: el hijo menor reclama su parte en la herencia, para irse a vivir por libre, lejos de su casa. El padre podría haber dicho que no o que se fuera, si quiere, pero sin herencia. Tú lo das todo, casi sin que se te pida. Contigo ser hijo es ser amado sin condiciones.

Recuerdo, de mi infancia, que yo tenía tanta confianza con mi padre, que, cuando volvía del trabajo, le registraba los bolsillos de la chaqueta (y él me dejaba, sin que le diera tiempo para quitársela) para ver qué me había traído. Con esa confianza quiero decirte estas cosas.

La alegría de dar

Señor, fue Pablo quien escribió que tú amas a quien da con alegría. Entiendo que quiere decir que amas en especial, porque tú amas a quien da y a quien no da. Tu amor me ha llevado a la convicción de que el amor de quien ama y no es correspondido sigue siendo amor. Tú amas también a los que dicen odiarte. Tu hijo te pidió el perdón, que es una manera de amor, para quienes lo están crucificando.

Dar con alegría es dar sin interés propio. Sobre esto me gustaría contarte algo que he visto hoy, en un paseo por un jardincillo cerca de mi casa. En un pequeño parque infantil unos niños estaban intercambiando cromos. Uno de los niños, el de la cara más arrugada, quizá por el enfado, no quería entregar no sé cuantos a cambio de uno, muy valioso, que tenía otro niño. El primero parecía a punto de echarse a llorar. Entonces, el otro, el que tenía el cromo valioso le dijo: –Toma, para ti todo. Y corrió, alegre, a deslizarse por el tobogán.

Quiero entender a tu lado por qué dar es fuente de alegría. Cuando damos algo, parece que dejamos de tenerlo. Pero eso solo es verdad si se piensa que ser es "tener". Si se piensa, en cambio, que ser es donar, porque en ti, Padre, de la plenitud de ser se derrama la donación, donar es acercarse a tu esencia. Pero, ¿por qué alegría? Entre los dones de tu Espíritu Santo, que la tradición compiló tomándolos de textos de las Escrituras, no está la alegría. Sí entre los frutos de ese mismo

Espíritu: primero pone la caridad y enseguida el gozo, la alegría. El amor hace estar contentos. La caridad, al ver el bien en el bien del otro, se alegra. Por eso amas a quien ama y da con el fruto de la alegría.

No entiendo, Señor, cómo se puede ver en las enseñanzas de tu hijo una perspectiva triste del mundo. Quizá eso se ha alimentado porque la palabra *mundo*, se ha entendido de dos maneras muy distintas. Una es el mundo, el conjunto de personas, que no reconocen tu amor y al no poner el corazón en ti lo ponen en cosas efímeras, pasajeras, cuando no en derivaciones de malas acciones. Otra es el mundo en cuanto creado por ti, con dos tipos de belleza, que se funden en una: la belleza de las cosas naturales, la llanura del mar, el erguimiento de las montañas, el festival de las plantas y flores, la dulce inocencia de los animales; y la belleza de las buenas acciones.

Cuando tu hijo dice "yo he vencido al mundo" entiendo que se refiere al mundo del pecado y de la muerte. De ahí la alegría de la Resurrección. El otro día, al repasar la escena de la incredulidad del apóstol Tomás, pensaba que cuando tu hijo le dice "mete tu dedo aquí, y ve mis manos: y alarga acá tu mano, y métela en mi costado", no tiene un semblante serio, sino sonriente. No es un momento solemne, sino familiar, con una pizca de amable ironía. "¿Qué te creías, mi incrédulo Tomás?", le pudo haber dicho.

El sentido del pecado

Señor, acabo de leer la noticia de que a un pobre mendigo que arrastraba su pobreza, día tras día, no lejos de donde vivo, le han dado una desgarrada paliza y peligra su vida. No le atacaron para robarle, nada tenía, sino por el simple gusto del mal. Y al pensar en esto me viene a la cabeza una frase que se oye mucho, que nuestra sociedad, "ha perdido el sentido del pecado".

Tú sabes que algunos usos del lenguaje que provienen de la inteligencia que nos diste son proclives a la exageración, a generalizaciones sin base. No pienso que el conjunto de la sociedad haya perdido el sentido del pecado. Tú conoces bien el interior de millones de personas que cada día te piden perdón por pecados e incluso por faltas que apenas lo son. En cualquier caso, lo que no se ha perdido es el pecado. La tradición de la Iglesia resumió los pecados en siete capitales, pero hay muchos más. Ese maltrato al mendigo de cerca de mi casa no fue por soberbia, avaricia, gula, ira, lujuria, envidia o pereza. Fue por el gusto del mal en el mal.

En la sociedad en que vivo, la mayoría de los delitos son pecados con otro nombre, si se han perpetrado con consciencia y libertad. Pero hay pecados que no son considerados delitos. Algunos incluso han adquirido el rango de "derecho subjetivo". Es por esto último, me imagino, por lo que se da una proclividad a perder el sentido del pecado.

He oído también decir que no puede haber pecado porque el ser humano, finito, no puede ofender a un Dios infinito. Intuyo, hazme ver que es así, que si tu voluntad es que se ame al prójimo como a uno mismo, y, por tanto, que no se le haga mal, si se hace ese mal se va en contra de tu querer, que es querer del bien, porque eres el Bien por esencia. Y no olvido las palabras de tu hijo: quienes hagan bien o mal a los demás a mí lo hacen, a mi divinidad con el Padre, a través de mi humanidad, que ha sufrido todo lo que el ser humano puede sufrir, y más.

La expresión "mysterium iniquitatis" da a entender que es posible, deja que hable así, que se te haga mal. No acabo de entenderlo, pero quizá el "mysterium paschale", el misterio de la muerte de tu hijo, deja entrever que hacía falta una satisfacción infinita para borrar y anular una ofensa a la bondad infinita.

Otras veces me pregunto qué es lo contrario de pecado. Quizá la inocencia, que quiere decir "no hacer el mal". Pero la inocencia la perdemos todos cuando dejamos de ser niños. Lo contrario del pecado es la penitencia, el arrepentimiento. No el mal que a veces sucede al pecado, que da origen a eso de "en el pecado lleva la penitencia", sino una repugnancia hacia lo que se ha hecho mal y un propósito de acercarse cada vez más a las fuentes del bien, que son los manantiales de la caridad.

La paciencia y el alma

Señor, hoy quiero meditar, a tu lado, en el bien de la paciencia. En nuestro lenguaje, *paciencia* viene de *padecer*. El enfermo tratado de su enfermedad es un paciente. Pero también se usa paciencia cuando se soporta, con paz, es decir, con entereza, sin volubilidad, los males y dificultades de la vida.

Paciente es quien no se apresura, quien da tiempo al tiempo. Otro rasgo de tu misterio, Señor, es que siendo eternamente, no necesitas esperar los tiempos, pues eres creador del tiempo. Y, sin embargo, podemos hablar del misterio de la paciencia de Dios.

Agustín, que tanto te amó y te sigue amando, escribió sobre esto: "Aunque Dios nada puede padecer, y el término paciencia se deriva de padecer (patientia, a patiendo), no solo creemos firmemente que Dios es paciente, sino que también lo confesamos para nuestra salvación. Pero ¿quién podrá explicar con palabras la calidad y grandeza de la paciencia de Dios, que nada padece pero tampoco permanece impasible, e incluso aseguramos que es pacientísimo? Así pues, su paciencia es inefable como lo es su celo, su ira y otras cosas parecidas. Porque si pensamos estas cosas a nuestro modo, en Él, ciertamente, no se dan así. En efecto, nosotros no sentimos ninguna de estas cosas sin molestias, pero no podemos ni sospechar que Dios, cuya naturaleza es impasible, sufra tribulación alguna. Así, tiene celos sin envidia, ira sin perturbación alguna, se compadece sin sufrir, se arrepiente sin corregir una maldad propia".

No sé si me equivoco, pero pienso que Agustín, al escribir esto, quería explicar de algún modo cómo esa paciencia, o el celo o la ira, aparecen en las Escrituras. Pero tal vez hay que tener en cuenta que las Escrituras utilizan el lenguaje humano, con sus limitaciones, y se dirigen a todas las criaturas, también a quienes tienen un conocimiento elemental de las cosas. De modo semejante a como te pintan,

Padre, anciano y con amplia barba blanca, a Ti que eres la plenitud de Ser.

En nosotros, tus hijos, que tenemos el ser de ti, pero limitado por nuestra esencia, la paciencia es otro de los dones que esperamos de tu amor. La paciencia de amar –no soportar, no resignarnos– hasta nuestros defectos, cuando a la vez, procuramos que vayan disminuyendo. Y la paciencia, en otro sentido, de amar la paz, que es otro don: *dona nobis pacem*.

Gente sin Dios

Te lo cuento, Señor. Un amigo, cientifico con mucho nombre, ha tratado de convencerme de que estoy en un "estadio elemental", así decía, porque creía aún en ti. Me dice que somos productos del azar, que el sentido de la vida estaría, si acaso, en la contemplación y el asombro ante las maravillas del universo. Me dijo que los avances en psicología y en neurociencia explican de forma exhaustiva el fenómeno de la religión, sin necesidad de creer en algo que no tiene base alguna científica. Que, en los humanos, el amor, en cualquiera de sus formas, es simple cuestión de glándulas y hormonas.

¿Me iba a callar, Señor? Le dije que ya en la Biblia se escribe esto: "Dice el insensato en su corazón: no hay Dios". Luego me arrepentí de que pudiera entender que le llamaba insensato. Porque no lo es. Y añadí: "no es que pienses que tú eres insensato; eres sensato, pero no profundizas en tu sensatez".

¿Me tenía que callar? Le dije que no teníian que enseñarnos a los cristianos a amar la Naturaleza. Que tu Hijo bendecía a las aves del cielo y admiraba a las flores del campo y que escogió a un pollino como cabalgadura.

Mi amigo, que es bueno, yo lo sé, sonrió y me dijo que, si acaso, la creencia es una forma de poesía y que la poesía puede ser estimada también por un ateo, como él, pero solo como ficción. Le respondí que el máximo Poeta eras tú, Señor, porque *poíesis* significa *hacer* y que tú hiciste, real y poéticamente el mundo.

De nuevo me habló de la Ciencia y al decirlo se notaba que lo hacía en mayúscula.

Me dijo que solo en los últimos siglos se habían conocido las leyes que rigen el universo. Ahí tampoco pude callarme: esas leyes no son creaciones de las ciencias, son inventadas, que significa encontradas, lo que quiere decir que existían desde la creación del mundo, y cuando aún no había seres humanos.

Yo no soy un científico, Señor, pero me fio de las ciencias cuando se demuestran sus fundamentos. Hace unos años, tú lo sabes, me iba quedando sin vista a media distancia; me operaron de cataratas y desde entonces puedo ver mejor, y con más matices de colores, el mundo que creaste.

Mi amigo se despidió diciendo que sentía que, con las dotes que tengo (que se las inventó él), estuviera aún en una creencia ancestral. Yo le contesté que sentía que él estuviera sin Dios, pero que nada me impedía decirle Adiós.

El rostro de la Iglesia

Señor, hoy he vuelto a leer, en la carta de Pablo a los de Éfeso, estas palabras: "Cristo amó a la Iglesia y se entregó a sí mismo por ella, para santificarla, purificándola mediante el baño del agua, en virtud de la palabra, y presentársela resplandeciente a sí mismo; sin que tenga mancha ni arruga ni cosa parecida, sino que sea santa e inmaculada." Y ha coincidido con noticias de verdaderas abominaciones por parte de ministros de la Iglesia, que deberían ser luz y son oscuridad y vicio.

Ya sé, que en esa misma carta, y en otras, Pablo habla de maldades y pecados que se daban entre los fieles (¿o debería decir infieles?) casi de la primera ola. Y a lo largo de la historia de tu Iglesia se han cometido vicios, persecuciones en nombre de la fe, olvidando el amor, simonías, manejos turbios. Todo eso al lado del martirio de tus hijos, de entrega al prójimo hasta dar la vida por él, de ayuda a los que tenían hambre y sed, o estaban desnudos, enfermos, prisioneros.

Me sugieres, Señor, que distinga entre tu diseño de la Iglesia encomendada a Cristo, que es una, santa, católica, apostólica y la realidad histórica que depende de los hechos de las personas que la integran.

De nuevo Agustín me ayuda, cuando en *La Ciudad de Dios*, distingue entre esa ciudad de Dios, compuesta por los que te aman más que a sí mismos, y la ciudad terrena, de los que se aman solo a sí mismos, hasta el punto de despreciarte. Y Agustín introduce este matiz, que me consuela. Dice que entre los paganos puede haber gente que en realidad pertenecen a la ciudad de Dios, a la que, por tu misericordia, llegarán. Y entre los que parecen estar en la Iglesia hay gente que son en realidad de la ciudad terrena. Estos son lo que, ante el escándalo de los no cristianos, ponen manchas y arrugas en el rostro de tu

Iglesia. Lo que más duele es esa perversa hipocresía de predicar, a veces ampulosamente (cuando el lenguaje de tu hijo es el de la sencillez) lo contrario de lo que hacen.

Ahora me viene a la mente lo que dijo tu hijo: "Al que escandalice a uno de estos pequeños, más le vale que le cuelguen al cuello una de esas piedras de molino que mueven los asnos y le hundan en lo profundo del mar". No es que desee eso. Es una figura más del lenguaje, es una hipérbole, para mostrar lo grave de esos pecados.

Todos creen en algo

Señor, te hablaba el otro día de ese amigo mío que no podía entender mi creencia en ti. Se me olvidó decirle lo que ahora quiero considerar en tu presencia. *Creer* es una característica humana universal, que se da en todos los hombres y mujeres. Pienso que la pusiste en la naturaleza humana para que fuera un indicio que llevara a la fe en ti.

Pascal, al que llevaste a un ardoroso amor a tu hijo, escribió que "hay tres medios de creer: la razón, la costumbre y la inspiración". Cuando por la razón se demuestra algo, se cree a la vez en ello. Sin demostraciones, solo por hábito, se cree en muchas cosas, por costumbre. Y la inspiración, sea divina o humana, como a veces ocurre, da motivos de credibilidad.

Mi amigo ateo cree en su ateísmo con una firmeza que no resiste una crítica. Porque, para ser ateo, hay que –perdóname, Señor– poner antes tu existencia para luego negarla.

Tú, Señor, que estás al tanto de la historia humana, sabes que un cristiano ferviente pero a la vez algo desnortado en su nacionalismo eslavo, Dostoievski, puso en boca de uno de sus personajes: "Si Dios no existe, todo está permitido". Y a alguien muy inteligente, que te buscó y te encontró, Chesterton, se le atribuye lo de "cuando se deja de creer en Dios, se puede creer cualquier cosa". Me permitiría un matiz: incluso creyendo o no en Dios se puede creer, a la vez, en cosas, que no son ya de la fe, sino de la credulidad. Recuerdo haber visto un documental en el que se mostraba a una anciana, que toda su vida había sido católica, pero que al final había dejado de creer. Aunque seguía rezando: a san Judas Tadeo. Pobre Judas Tadeo, tener que soportar que te anteponen al que te hizo e hizo santo.

Todos creen en algo. Sin esa fe, que llamaría humana, no sería posible la convivencia. Perdona, Señor, que descienda a cosas tan elementales: fe es confianza y uno de los principales motores de la economía es la "confianza del consumidor". Pero también del inversor.

La creencia común lleva a la amistad y a la concordia. Un sabio griego, Aristóteles, escribió que esa amistad es más importante, en la convivencia, que la justicia. Tú me has enseñado que no hay que extrañarse de que en autores paganos haya destellos de profunda inteligencia. Justino, el mártir, escribió que, antes de su venida a la tierra, tú derramaste en el mundo "semina Verbi", semillas del Verbo, de tu hijo, como un anticipo. No me extraña así que otro pagano, Platón, hiciera una defensa de la inmortalidad del alma.

Una vez alguien me dijo, porque yo citaba a Platón, que no tenía sentido recurrir a gente de hace muchos siglos, que el mundo ha cambiado continuamente desde entonces, que esos antiguos no sabían nada o casi nada de las ciencias que explican el mundo. Pero yo pienso que es una limitación, quizá inevitable pero limitación, dividir la historia en periodos, en parcelas, porque, aunque con una asombrosa variedad, solo está ocurriendo una historia, la de tu misericordia.

Señor, permíteme, que juegue un poco con las palabras de mi idioma. En concreto con *singular*. Tiene dos sentidos principales: es lo uno, en contraste con lo múltiple, con el plural; y significa también algo raro, que llama especialmente la atención. Lo que a mí me ha llamado la atención es que, en cierto modo, esos significados son opuestos, ya que lo singular, lo individual, es lo menos *singular*, en el sentido de *raro*, porque es lo común, lo más corriente. Solo hay plural con la suma de singulares.

Rastreo esa singularidad ya en el primer libro que inspiraste de los que compondrían la Biblia. "hombre y mujer los creó". No dices: creó hombres y mujeres, sino la singularidad de Adán y la singularidad de Eva. Y creaste una gran diversidad de animales. Aunque los agrupamos en géneros y especies, cada individuo es él y solo él.

En la historia de Israel, sería superfluo recordarte cómo escogías singularidades, a veces con trayectorias singulares, en el otro sentido. Al escogido Abrahán le pides que sacrifique a Isaac, pero impides que se consume el sacrificio y haces del hijo de Isaac, Jacob, (preferido, en una historia singular, a Esaú) el padre de las doce tribus. De una de ellas, la de Judá, no siendo Judá un ejemplo de mucho bueno, saldrá el rey David (gran pecador y gran arrepentido) y Jesús, por la ascendencia de José, tu Hijo.

Y ahora me admiro, cuando no debería hacerlo, de que tu hijo haya salido a ti. En los Evangelios, en los que imagino que solo se cuentan algunas cosas de la vida de tu hijo en la tierra, vemos como él se fija, antes que nada, en lo singular. A veces en lo singular que, además, es singular, raro, en el sentido de no común. Me emociono, Señor, al recordar el episodio de aquella viuda en el templo. A lado de los muchos que hacían ostentación de lo cuantioso que ofrecían al Templo, aquella mujer, en silencio y casi sin ser vista, da todo lo poco que tenía para vivir. Siempre he querido saber el nombre de esa mujer; estará junto a ti, en la felicidad eterna.

Cura tu hijo a diez leprosos y solo vuelve uno a darle las gracias. Se fija en Zaqueo que está subido, para verle, porque era bajito, a un sicómoro. Alaba a la mujer que se adelanta para ungirle los pies, cuando el anfitrión no había tenido un mínimo detalle de hospitalidad. Habla con la samaritana, que en el pueblo sería carne de cotilleo por su variada vida amorosa. Es un samaritano el que auxilia al judío expoliado y herido por unos ladrones.

Oye al ladrón, compañero de suplicio, que le pide que se acuerde de él.

¿Por qué te cuento, Señor, estas cosas que tú sabes desde la eternidad? Primero, porque me ayudan a intentar seguir a tu hijo en ese no apreciar en masa, sino a cada persona, una a una. Después para no caer en el prejuzgar a un conjunto de personas, sea el que sea, por lo que haya hecho una de ellas. Si ese ejemplo de tu hijo prendiera, no se juzgaría a los individuos por su color, por sus creencias, por su raza, aunque no hay más que una raza, la de tus hijos, porque, para Ti, nadie en más ni menos que nadie, siendo cada uno hijo de sus obras.

Nadie es "uno más". Cada uno es destinatario de tu amor y lo guardas, para emplear el lenguaje de David, "como a la pupila de tus ojos". Quien no entienda que la enseñanza de tu hijo es esa, poco ha entendido.

Ser amor

Señor, hoy me he encontrado con un exégeta de tus Escrituras. Le pregunté por algo que siempre me ha interesado saber. ¿Qué quisiste decir a Moisés con eso de "yo soy el que soy"? Yo prefería interpretarlo como "yo soy el Ser", el que su esencia es ser y, por eso, infinito, eterno. Pero me dijo el tal exégeta que esa interpretación está "contaminada" de la filosofía griega, en concreto de Platón. Que lo que se quería decir –me dijo– es "yo soy el que es y será". O bien: "yo soy el que salva".

Ya es pretensión, por mi parte, y por los exégetas, querer dar con el verdadero significado de esa expresión. Eso me recuerda de nuevo a Agustín, cuando intenta entender el misterio de tu Trinidad (aunque él de antemano dice que no es posible) y se encuentra a un niño que se afana en meter el mar en un hoyito que hizo en la arena. Pero también sé, Señor, que te agrada la audacia. Hoy me encuentro como aquella mujer que pensó que con solo tocar la orla del manto de Jesús quedaría sanada de su enfermedad.

De pronto me viene a la mente eso de Juan: "Dios es amor". ¿Qué es amar? Dar todo lo bueno que se pueda a la persona que se ama. Tú, Señor, eres Amor, porque das todo a cada criatura, con la sola limitación de su esencia limitada. Pero, perdona el brusco razonamiento, solo puede dar todo el amor quien es sin limitación alguna. En la tierra tenemos este aforismo: "nadie da lo que no tiene". Como eres Ser, eres Amor.

Si das todo el amor se entiende que todo se resuma en "amar a Dios sobre todas las cosas y al prójimo como a ti mismo". Eso le dijiste al pueblo judío, aunque en tantas ocasiones no lo cumplieron, como tampoco los cristianos. Jesús pudo decir que traía "un mandamiento nuevo". ¿Cómo entender "amaos los unos a los otros, como yo os he amado"? Si el amor de Jesús es un punto de comparación, nunca podré amar así, aunque pueda dar mi vida por otro: "nadie tiene amor más grande que el que da su vida por los amigos". Aunque diese mi vida sería la vida de un ser humano. La vida de Cristo es la de un hombre que es Dios.

Pero, quizá, ayúdame a entender esto, lo que tu Hijo quiso decir es: "*intentad* amar como yo os he amado. Solo el intento es ya amar más y mejor de lo que ahora amáis".

Sueño y esperanza

Señor, tú sabes que en la tierra es muy común utilizar la palabra "sueño" para algo bueno que se espera. Es corriente, cuando alguien alcanza una meta que creía lejana o imposible, decir: "estoy como soñando" o "he cumplido mi sueño".

Otra cosa es que te sirvas de los sueños para comunicar algo a alguien. Así se ve en las Escrituras.

Para quien cree en ti, es mejor la palabra *esperanza* que la de *sueño*. Porque eres tú quien infundes la esperanza. Me viene a la cabeza lo bien que entendí, cuando hacía el servicio militar y me tocaba el ultimo turno de imaginaria, esas palabras del salmo: "mi alma aguarda al Señor más que los centinelas a la aurora".

Los sueños simplemente humanos se ven muchas veces incumplidos. La esperanza en ti, nunca. Porque se asienta en lo definitivo. En la carta a los Hebreos puedo leer que "la fe es la certeza de lo que se espera, la convicción de lo que no se ve". Si hay certeza, tengo ya, de algún modo, lo que espero.

Me he entretenido esta mañana en buscar la raíz del verbo *esperar*. Y es *aspirar* a algo. Esperar en ti es aspirar a ti. Y, permíteme este juego de palabras: *aspirar* es también *espirar*.

Hace muchos años, cuando estudiaba el misterio de tu Trinidad, me daba cuenta, como es experiencia común cristiana, de la dificultad de "explicar" el Espíritu Santo. Por analogía, nos acercamos con un atisbo a "Padre" e "Hijo". Pero el Espíritu Santo, se ha escrito muchas veces, es "el Gran Desconocido". Entonces vi esto: el amor mutuo de Padre e Hijo es un suspiro de amor, el Espíritu Santo. A ese suspiro de amor aspira la esperanza.

Cuando te hablaba, Señor, de quienes, en lugar de amarte, adoran la Tierra, se me olvidó unas palabras de Pablo, en la carta a los Romanos, que desde siempre me han hecho amar el mundo que creaste: "la expectación de la creación espera la manifestación de los hijos de Dios. La creación fue sometida a la vanidad, no voluntariamente, sino por causa de quien la sometió, pero con una esperanza de que la creación será liberada de la esclavitud de la corrupción para la gloria de los hijos de Dios".

Parecido a lo que dice Juan en el *Apocalipsis*: "Luego vi un cielo nuevo y una tierra nueva, porque el primer cielo y la primera tierra desaparecieron, y el mar no existe ya." Aunque nunca entenderé lo de la inexistencia del mar. Hay muchas cosas que no se entienden. Un poco al modo de fray Luis de León, en uno de sus poemas, el que empieza, "¿Cuándo será que pueda/ libre de esta prisión volar al cielo?" Y saber, entre otros enigmas "por qué están la dos Osas/ de bañarse en el mar siempre medrosas". Parece una futilidad, Señor, pero vivimos del asombro y nunca vemos, en mi hemisferio, que la Osa Mayor y la Osa Menor, durante la noche, se mojen las pezuñas.

Gracias, Señor. Me acabas de hacer ver que la esperanza es el estímulo del saber.

Por caminos distintos

Señor, hoy he vuelto a leer, de tu santo Juan de la Cruz, *Dichos de amor y de luz*. Suyo es también "volé tan alto, tan alto, que le di a la caza alcance". Solo tú y un poco él sabéis el grado de unión contigo que él alcanzó.

Me vas a perdonar que te diga que algunos de esos dichos de Juan me parecen duros para el cristiano corriente, que es religioso pero no un religioso, que no se retira a un monasterio ni a un convento, sino que tiene que bregar con la malicia o el afán de cada día, como decía tu hijo, rodeado a veces de gente que viven sin pensar en ti.

Solo unos pocos de esos dichos de Juan de la Cruz me inquietan. Todos los demás me acercan a ti. Como este: "Un solo pensamiento del hombre vale más que todo el mundo; por tanto, solo Dios es digno de él". Uno que me produce cierta zozobra es este: "Déjate enseñar, déjate mandar, déjate sujetar y despreciar y serás perfecta". Sujetar y despreciar,

¿por quiénes? No, Señor, por ti, que ni sujetas ni desprecias. ¿Por los demás? Pero ni quiero que me sujeten ni desprecien, ni deseo sujetar o despreciar a nadie. ¿Se refiere quizá a que cuando vengan la sujeción y el desprecio de otros, se acepten? Pero don tuyo es la libertad. Nada puede mi libertad contra el desprecio ajeno. Pero sí puede contra la sujeción, cuando es injusta.

Dime si me equivoco, pero nos creaste únicos, irrepetibles, para que cada uno vuelva a ti, pero no por un único camino, sino por múltiples y distintos que llevan a las "muchas moradas" de las que habla tu hijo. El camino de Juan fue entre los religiosos carmelitas y tuvo que sufrir no solo la sujeción y el desprecio sino también la prisión, ordenada (hay cosas, Señor, que no se entienden) por sus propios frailes hermanos calzados, que estaban en contra de los descalzos. Pero Juan no se deja sujetar, sino que se escapa de la prisión, en un ejercicio de su libertad.

Esto de instituciones religiosas que persiguen a otras se ha dado muchas veces, hasta hoy mismo. Es otra de esas arrugas que algunos cristianos ponen en el rostro de la Iglesia.

¿He objetado algo a la santidad de Juan? No, pero, aunque así fuera, sigo su consejo: "Nunca tomes por ejemplo al hombre en lo que hubieres de hacer, por santo que sea, porque te pondrá el demonio delante sus imperfecciones, sino imita a Cristo, que es sumamente perfecto y sumamente santo, y nunca errarás". El mismo Juan parece resumir todo en lo que todo se resume: "A la tarde te examinarán en el amor".

Temple

Señor, por naturaleza y por educación, he preferido siempre el temple, la moderación. Pero *templado* tiene también en nuestra lengua una connotación que casi lo acerca a *tibio*. Y está escrito en el Apocalipsis que "a los tibios los vomitaré de mi boca", por más que esto sea, de nuevo, una forma de hablar.

Imagino que hay millones de personas en el mundo que están a gusto con la moderación, con la templanza, una de las virtudes cardinales. Pero lo que más suena y se oye son excesos: en riñas, algaradas, enfrentamientos, consumo inmoderado de alcohol, adicción a un abanico de drogas.

Una parte de eso se da cuando la gente es joven y se suele justificar como "excesos de juventud". La fuerza y las hormonas irrumpiendo empujan a gente joven a movimientos osados, a gritos estentóreos, a apuestas imposibles, a lanzarse desde un balcón a muchos metros de altura, a competir en los llamados deportes de riesgo...

No solo se da en gente joven. Como hoy, al menos en algunos países, se alarga la esperanza de vida, se ve a gente de treinta, cuarenta y hasta cincuenta años embebidos en esa cultura del exceso, de la que solo se aparta cuando empiezan a aparecer los achaques de la inminencia de la vejez.

Te decía antes "lo que más suena". No lo más abundante: lo más abundante es gente tranquila, que se afana en trabajar para sostener a su familia, que está atenta al cuidado de sus hijos. Tú lo sabes, Señor: desde que me casé, dejé incluso las largas reuniones con amigos, en las que corría el alcohol. Y cuando nació mi primer hijo, mi fiesta continua era él. Fiesta que continuó cuando nacieron los otros dos, especialmente la pequeña Ángela.

Nunca me tentaron los excesos, porque veía en ellos la quiebra de una de las cosas que más amo: la armonía. Pablo, escribiendo a los Gálatas, dice: "el fruto del Espíritu es amor, alegría, paz, paciencia, afabilidad, bondad, fidelidad, mansedumbre, dominio de sí". Todos esos frutos aseguran el temple del alma, no para quedarse inerte, sino para poder afrontar, cuando es el caso, grandes cosas.

Así que el temple es la condición del heroísmo. Para la mayoría de la gente el heroísmo no se demuestra en aparatosas hazañas, sino en superar el afán, a veces la malicia, de cada día, trabajando por el bien de todos y cuidando de las personas que ama, también cuando ese amor no es correspondido.

Señor, aumenta en mí ese temple que es, en palabras de Agustín, un "ordo amoris", orden en y del amor.

Tú, la Belleza

Señor, permíteme entender por qué los creyentes no se dirigen a ti con más frecuencia como la Belleza. De todos tus atributos, en el *Credo* que me enseñaron de niño solo se nombra a uno: todopoderoso.

Como sabes, en lo que llamamos el siglo VI, existió un escritor griego que durante mucho tiempo pasó por ser el Dionisio que abrazó la fe, junto a Pablo, en Atenas, después de que el apóstol habló del "Dios desconocido" en el Areópago. Por eso era conocido como Dionisio el Areopagita. Después, cuando se conoció el error, se le llamó el Pseudo-

Dionisio, cosa que me parece injusta. Mejor llamarle simplemente Dionisio.

He traído hoy, ante ti, uno de los tratados que escribió, el titulado *Nombres divinos.* Te da muchos, pero a la vez advierte que "a la Causa de todas las cosas y que es superior a todas las cosas no le va ningún nombre y a la vez los nombres de todas las cosas que son". Muchas veces he leído el capitulo cuarto en el que te atribuye los nombres de el Bien, la Luz, lo Bello, el Amor, entre otros. Leo: "Es llamado Belleza a causa de la belleza que, de su parte, es comunicada a todos los seres, según la medida de cada uno. Dios es llamado Bello porque es completamente Bello y por encima de lo Bello. Por decirlo brevemente, todo lo que es deriva de lo que es Bello y Bueno, principio y fin de todo".

Es un tratado, no un libro de oración, Cuando lo leí por primera vez eché de menos una encendida y bella invocación hacia ti, del que toda belleza procede. Pero lo completo, de nuevo, con Agustín, con estas palabras de las *Confesiones*, que hago mías: "Tarde te amé, belleza tan antigua y tan nueva, tarde te amé! Y ves que tú estabas dentro de mí y yo fuera. Y por fuera te buscaba. Y, deforme como era, me lanzaba sobre estas cosas hermosas que tú creaste. Tú estabas conmigo mas yo no estaba contigo. Me retenían lejos de ti aquellas cosas que, si no estuviesen en ti, no serían. Llamaste y clamaste, y rompiste mi sordera: brillaste y resplandeciste, y pusiste en fuga mi ceguera; exhalaste tu perfume y respiré; y suspiro por ti; gusté de ti, y siento hambre y sed; me tocaste y me abrasé en tu paz".

También Agustín escribe en el mismo libro: "Dije entonces a todas las cosas que están fuera de las puertas de mi carne: 'Decidme algo de mi Dios, ya que vosotras no lo sois; decidme algo de él'. Y exclamaron todas con grande voz: Él nos ha hecho. Mi pregunta era mi mirada; su respuesta, su belleza". Quizá leyó esto el poeta Juan de la Cruz cuando, inspirado en la búsqueda de la esposa al esposo, en el *Cantar de los Cantares*, hace que respondan las criaturas. "Mil gracias derramando,/ pasó por estos sotos con presura; y, yéndolos mirando,/ con sola su figura, vestidos los dejó de su hermosura". De tu hermosura, Señor, que plasmaste en Jesús, de tal belleza que resplandece aún en el cuerpo muerto.

La mejor penitencia

Hoy te hablo, Señor, de unos hechos o fenómenos en la historia de la Iglesia que no he acabado nunca de entender, porque, sin yo procurarlo, me transmitían disgusto. Cuando se reza el *Yo pecador* se entiende que nadie que haya vivido sobre la Tierra, salvo Jesús y su Madre, se ha visto libre de pecado. Tú sabes más, pero no puedo ver ni siquiera faltas en José, padre adoptivo de tu hijo, ni en Juan, su primo y precursor.

El resto hemos pecado y, arrepentidos, hemos de dar muestra de penitencia. Es algo tan básico que se puede decir que *delito/ pena* es semejante a *pecado/ penitencia*. Entiendo, Señor, que tanto la pena como la penitencia implican un sufrimiento, un dolor, pero me parece mejor el dolor en el alma que un dolor físico, sobre todo si este es llamativo y excesivo, como en los flagelantes.

¿Tiene sentido, Señor, poner en peligro la propia vida por hacer penitencia? O, sin llegar a eso, ¿acarrearse heridas? ¿O desfigurarse? Hay personas que hacen estas cosas no por fe o por penitencia, sino como un ejemplo más de las rarezas de las que son capaces los humanos.

Tampoco entiendo las penitencias que recaen, al menos en parte, en los demás. Sí entiendo las penitencias que suponen un bien para otros, como privarme de algo que me gusta y darlo. O callarme cuando alguien ha tenido hacia mí un gesto de desprecio. O soportar una adversidad sin queja y, sobre todo, sin trasladarla a los otros.

Tu Iglesia ha ido dulcificando cada vez más la penitencia, que tampoco era excesiva, del ayuno y de la abstinencia. Pero sin que sea un mandato, cada persona puede ayunar y abstenerse de ciertos alimentos como penitencia. Y hay, Señor, una cierta ironía en que ahora se descubra que eso es bueno para conservar un cuerpo sano.

También es buena penitencia llevar con amor los inconvenientes, sufrimientos y males que traen consigo las enfermedades, de las que nadie escapa. Pienso, Señor, que no nos pides más, porque hiciste que se escribiera: "rasgad vuestro corazón y no vuestras vestiduras".

Humanidad de Jesús

Padre de Jesús y padre mío: los Evangelios me parecen un paisaje tan diverso y colorido que nunca se puede ver de una vez. Son como caminos en los que, de pronto, nos sorprendemos con algo que se nos había escapado, por muchas vueltas que le hubiésemos dado a la lectura.

Confesamos que Jesús es verdadero Dios y verdadero hombre. En esa *y* está el misterio de la Encarnación. ¿Cómo se demuestra mejor la humanidad, con el poder o con la compasión? No lo dudo, Señor, con la compasión. Por eso, sin negar nada, prefiero Misericordioso a Omnipotente.

Jesús, tu hijo, en su vida en la Tierra, tenía una antena especial para los que sufrían, para los enfermos, para los afligidos, para los desheredados de este mundo. Y a la vez que los curaba o consolaba se quitaba de en medio, si me permites hablar así. Es como si se reprimiese, para que sus acciones fueran netas, precisas, sin aplausos *a posteriori*.

Se demostró tan humano cuando puso su tienda entre nosotros ("et habitavit in nobis", como escribe Juan al principio en su evangelio) que en dos ocasiones, que sepamos, no pudo reprimir las lágrimas. En la muerte de Lázaro, su amigo. Señor, se me han muerto padres y hermanos. Se me han muerto amigos, algunos muy jóvenes, cuando esperaban todo de la vida. Se llora la ausencia, se llora no poder verlos más. Pero Jesús llora, aun sabiendo que Lázaro va a resucitar. Por su poder. Sí, pero más por su amor.

Llora por Jerusalén, por la gente de Jerusalén, por su pueblo, y lo expresa como una gallina que acoge a los polluelos bajo sus alas..."

Jesús está en el detalle, que eso es ser humano. Con esta diferencia: que el amor al detalle en él se hace eternidad. Por dolorosa que fuera para ella, la mujer adúltera, aquella situación fue un hecho que se pierde entre los innumerables hechos parecidos que se han registrado en la historia. Pero Cristo dejó para la historia del mundo y de los hombres, estas palabras que, si se les hubiera hecho caso, habrían evitado millones de actos sangrientos: "quien esté sin pecado que arroje la primera piedra".

No quiero evocar aquí su pasión y muerte, porque me llevaría a lágrimas y a la pregunta sin respuesta definitiva: ¿por qué? Sabemos que fue para que pudiéramos sobrevivir al pecado y a la muerte, pero ¿por qué esa saña, esa insistente crueldad, ese inferir contra la persona más bella que ha pisado la Tierra?

Premio y castigo

Señor, sabes que se dice mucho que la religión es una cosa interesada. Que la gente, por deseo de un premio eterno, o por miedo a un eterno castigo, se somete a tu voluntad. Si se considera, en cambio, que eres Amor, todo eso se cae por su base. El "temor de Dios" no es miedo sino una bella inquietud para evitar lo que te desagrada. Cuando, siendo pequeño, evitaba portarme mal no era por temor a mi padre, sino porque amaba a mi padre y no quería añadir un sufrimiento a los que ya traía la vida como de serie.

Un poeta anónimo del siglo XV, en España, guiado por el amor de Dios, compuso este soneto, que es una sentida oración.

No me mueve, mi Dios, para quererte,
el cielo que me tienes prometido.
Ni me mueve el infierno tan temido
para dejar por eso de ofenderte.
Tú me mueves, Señor, muéveme el verte
clavado en una cruz y escarnecido,
muéveme ver tu cuerpo tan herido,
muévenme tus afrentas y tu muerte.
Muéveme, en fin, tu amor, y en tal manera,
que aunque no hubiera cielo, yo te amara,
y aunque no hubiera infierno, te temiera.
No me tienes que dar porque te quiera,
pues aunque lo que espero no esperara,
lo mismo que te quiero te quisiera.

Perdona, Señor, que te distraiga con algunas minucias históricas. Un hombre filósofo escribió en el siglo XVIII que el deber debía ser cumplido sin más finalidad que el mismo cumplimiento del deber. Pensó que esa era la base de una moral desinteresada. No descubría nada nuevo que no supiera el poeta anónimo mucho antes. Con la diferencia de que el poeta no habla de deber sino de amor. El amor es desinteresado, como escribió Pablo, en la carta a los Corintios: "el amor no es egoísta". No puede serlo, porque es poner todo lo tuyo para el bien del otro.

No espero el premio, Señor, porque ya lo tengo. No tengo miedo porque tengo amor.

También en el amor humano es posible esa amplitud del querer. Lo cantan en esta tierra: "El querer sin esperanza/ es el más lindo querer;/ yo te quiero y nada espero:/ mira si te quiero bien". Aunque no es del todo cierto que en ese amor no haya esperanza; el propio amor es la esperanza de seguir queriendo, aunque no se reciba nada a cambio.

La paz siempre en peligro

Señor, tu hijo, al enseñar las bienaventuranzas, que pienso que es vivir bien (y feliz) según tu querer, termina con esta: "bienaventurados los pacíficos, porque serán llamados hijos de Dios".

"Pacíficos", pienso, tiene que ser tomado en sentido literal y etimológico: no quienes no hacen daño porque apenas se mueven, sino los "constructores de paz", los que trabajan por la paz, los que evitan las divisiones que traen los conflictos y las guerras. Tomás de Aquino, una de las inteligencias más preclaras que has creado, al comentar esta bienaventuranza escribe: "Establecer la paz, sea en sí mismo, sea entre los demás hombres, manifiesta que el hombre es imitador de Dios, que es Dios de unidad y de paz. De ahí que se le dé como premio la gloria de la filiación divina, que consiste en la perfecta unión con Dios por la sabiduría consumada".

Sí, Señor. Pero, ¿por qué hay guerras desde el principio del mundo? ¿Por qué cuando la paz, por precaria que sea, se encuentra en paz, se buscan motivos de enfrentamiento?

No me quiero referir a las guerras que se narran en el Antiguo Testamento. En eso solo me cabe pensar que tú sabes más. Después, mucho después, ha habido guerras en nombre de la religión, también de la que nos enseñó tu Hijo. En las guerras, los bandos enfrentados tenían como lema: "Dios con nosotros". Te pido que me digas si es verdad que en las guerras tú no estás con nadie. A veces he pensado, a modo muy humano, que miras para otra parte, para no ver las consecuencias de los enfrentamientos.

Un buen amigo, militar, me dice que tampoco es justo estar contra la guerra, sin más. Porque hay guerras justas, como existe la legitima defensa. También eso es verdad. No todas, quizá, pero muchas guerras tienen que ver con los pecados capitales de unas pocas personas. Porque el pueblo, en conjunto, no declara guerra alguna. Las sufre. En el principio de muchas guerras hay actos de soberbia, de avaricia –como lo que se gana con la venta de armas–, de ira y hasta de envidia. No sé qué pensar, Señor, cuando se trata de guerra. En esto, como en otras cosas que han surgido al hablar contigo, quedo en espera de tus respuestas.

Esa carne

Señor, también aprendí desde el primer y elemental catecismo que "los enemigos del hombre son: mundo, demonio y carne". Más tarde, ya de mayor, leí esto de tu apóstol Juan: "Todo lo que hay en el mundo, concupiscencia de la carne, concupiscencia de los ojos y orgullo de la vida, no viene del Padre, sino que procede del mundo. Y el mundo pasa y también sus concupiscencias; pero el que hace la voluntad de Dios permanece para siempre".

Ese "mundo", como antes consideré ante ti, no es el mundo que tú creaste, las maravillas del universo y del corazón humano, sino el conjunto de quienes se apartan de ti. Sobre el demonio no quiero ni pensar. No ceder ante sus insinuaciones lo pedimos todos los días en el Padrenuestro: "y líbranos del Mal", porque él es el Mal.

En la carta de Juan se sabe bien qué es el orgullo de la vida, la soberbia. La concupiscencia de los ojos me recuerda a la avaricia, a querer tener mucho más de lo que se necesita. Y si me permites una exégesis pedestre, diría que es cuando se dice de alguien, a la hora de comer, que "llena el ojo antes que la barriga", al desear y apartar más de lo que puede ingerir.

A la carne, como enemigo, como concupiscencia desarreglada, se le llama lujuria. Pero que sea desarreglada, pienso, Señor, que es porque existe un orden natural, querido por ti, para el apetito sexual. En el diseño de tu creación, el apetito de comida y bebida, (este ha quedado como el apetito por antonomasia) y el apetito sexual, aseguran tanto la supervivencia individual como la continuidad de la especie humana. Siguiendo tu diseño, la carne, o por decirlo claramente, el sexo, no es algo malo sino bueno. Va unido al amor en el buen amor. Y ya no hay amor cuando solo hay sexo. Se entiende que, siendo algo tan básico, su desajuste pueda causar males graves.

Se ha comentado muchas veces, Señor, que tus ministros y pastores, durante siglos, han estado obsesionados con los pecados de la carne, a la vez que se descuidaba advertir sobre los pecados de injusticia. He leído en alguna parte que, en tiempos antiguos, al copiar en códices los Evangelios, alguna vez se omitía trascribir el pasaje en el que tu Hijo perdona a la mujer adúltera. Pero si se lee el Evangelio, se ve cómo Jesús perdona también a otras mujeres con una vida sexual desarreglada. Incluso llega a decir que "las prostitutas y los publicanos –recaudadores de impuestos– os precederán en el reino de los cielos", si, por amor a Dios, se arrepienten de sus pecados, como hizo, con gestos mudos, la mujer que le ungió los pies.

Me gustaría saber, Señor, por qué el ser humano es tan proclive a las exageraciones. De unos tiempos en los que se consideraba los pecados de la carne lo peor de lo peor, se pasa a otros en los que la extensión de la lujuria, la exposición del vicio, se considera natural, aunque dé origen continuamente a actos de explotación y de violencia sexual.

Y me traes a la mente, ahora, la evidencia de tu perdón de nuestros pecados, también los de lujuria. Perdonaste a David su adulterio y, lo que fue peor, tramar la muerte del marido de Betsabé. Llevaste a la conversión a un Agustín pasional y concupiscente, que, en su juventud, se atrevió a dirigirte esta oración, de las más singulares de la historia: "Dame la castidad, Señor, pero no ahora".

El hachazo de lo injusto

Señor, dime si me equivoco al pensar que lo más grave que ocurre en este mundo, porque también en una ofensa a ti, es la injusticia, en todas su formas, algunas llenas de una sangrienta crueldad. En tus Escrituras, "justa" es la persona que cumple tu voluntad, pero tu voluntad es que no se pierda nadie, que nadie tenga que pasar hambre y sed, que nadie sea despreciado, que nadie sea pisoteado, maltratado, humillado.

A la vez no quieres la muerte del pecador, sino que se convierta y viva. ¿Cómo se podría conseguir, Señor, la conversión de quienes, con sus injusticias, generan un reguero de pobreza, de miseria, de enfermedades, de muertes, muchas veces de niños de pocos años?

He leído a veces una crítica a estas palabras de Jesús: a los pobres siempre los tendréis entre vosotros. No era un mandato, sino observación de la realidad, también de la futura, por su visión profética. Salgo a la calle y al lado de la puerta de mi casa hay un pobre. No parece estar en la miseria extrema. Va pertrechado contra el frio. Es invierno y está bien arropado, sentado sobre varias capas de cartones. Le calientan también dos perritos, que aprieta contra su crecido estómago. Hay pobres que están mucho peor, pero él tampoco está bien.

Si se aplica a rajatabla la definición de la justicia, dar a cada uno lo suyo, se podría decir que este pobre, como otros, reciben lo suyo, porque quizá nunca ha querido estudiar ni trabajar, ni depender de nadie. Pero la justicia no basta. Eso es algo, Señor, que no entienden muchos que se dedican a la política. Incluso cumplida toda la justicia siempre falta algo. Lo que falta es el amor, la caridad.

Mucha de esa pobre gente sobrevive gracias a la caridad de tus hijos e hijas, que han aprendido de tu misericordia y se les parte el corazón al ver a gente necesitada. Ya era así en el principio de la Iglesia y ha continuado siglo tras siglo. Otra gente, en otros tipos de organizaciones, ayudan con eficacia a personas necesitadas y enfermos, pero me da la impresión, Señor, de que falta algo: ver en esas personas al mismo Cristo. La solidaridad es bella, pero más lo es el amor.

En una ocasión pude leer en un cartel de una organización obrera: "No queremos caridad, sino justicia". Me dio pena esa cortedad de inteligencia, resultado del uso de dicotomías: o una cosa o la otra. Pienso, Señor, que lo humano y divino es una cosa y la otra. Toda la justicia, hasta el límite de esa justicia concreta que es la epiqueya, y toda la caridad. La justicia es urgente, pero también lo es la caridad. Cuando la aplicación de la justicia requiere un largo procedimiento, la caridad no tiene por qué esperar.

Vuelvo otra vez, Señor, a esas palabras de tu hijo, para juzgar las acciones humanas: "Porque tuve hambre, y me disteis de comer; tuve sed, y me disteis de beber; era forastero, y me acogisteis; estaba desnudo, y me vestisteis; enfermo, y me visitasteis; en la cárcel, y vinisteis a verme. Entonces los justos le responderán: Señor, ¿cuándo te vimos hambriento, y te dimos de comer; o sediento, y te dimos de beber? ¿Cuándo te vimos forastero, y te acogimos; o desnudo, y te vestimos? ¿Cuándo te vimos enfermo o en la cárcel, y fuimos a verte?. Y el Rey les dirá: En verdad os digo que cuanto hicisteis a unos de estos hermanos míos más pequeños, a mí me lo hicisteis".

Me parece muy pobre, Señor, la inteligencia humana cuando no llega a esa conjunción de la justicia con la caridad. Cuando no se da cuenta de que, si no fuera por la acción caritativa de muchos, que dan su vida por los demás, los resultados de las injusticias serian más terribles de lo que lo son ahora.

Siento, Señor, que se gasten sumas ingentes en armas, en joyas, en miles de caprichos de antiguos y nuevos ricos (que tendrán dificultad para entrar en el reino de los cielos) mientras haya una sola persona necesitada de ayuda. De limosna, sí, aunque haya quien se avergüence de la palabra, quizá por ignorancia, porque viene de *eleemosyne*, que significa *misericordia*: que la desgracia del otro te llega al corazón.

La inteligencia de la prudencia

Señor, es verano y hoy salen decenas de miles de personas, muchas en coche, de vacaciones. He oído y leído que se recomienda insistentemente prudencia. Y he recordado lo que se lee en el libro de los Proverbios: "El prudente ve el peligro y lo evita; el imprudente sigue adelante y sufre las consecuencias".

Para la circulación en carretera sí valdría la prudencia. Pero, a la vez, cuando se dice "eres demasiado prudente", parece que la prudencia no valdría mucho. Entiendo, Señor, que no se puede ser demasiado prudente. Porque prudencia es acertar, dar en la diana, hacer lo que, en ese caso, hay que hacer.

Parece que a la prudencia se opone la audacia, que tiene, como decimos aquí, "buen cartel". Incluso la osadía, que es una exageración de la audacia, se mira bien. Déjame aclararme algo en este asunto, porque he de tomar decisiones audaces, pero también prudentes. Entiendo que la audacia se opone a pusilanimidad, a pequeñez de alma. Pero la prudencia no se basa en el temor sino en la inteligencia cabal de lo que ha que hacerse. Es posible una prudencia audaz, y eso lo que quiero que me confirmes, cuando tenga que actuar ante una cuestión difícil, en la que están involucrados el buen nombre y la dignidad de varias personas.

Esto me trae a la mente otras palabras de tu hijo que, a veces, no se entienden: "sed prudentes como las serpientes y sencillos como las palomas". Jesús, pienso, no quería ofrecer una lección de zoología. Hablaba para el imaginario popular de su época, para gente que oía en las sinagogas la lectura de las escrituras. La paloma les evocaba, quizá, el relato del fin del diluvio. La paloma que envió Noé, volvió con una rama de olivo en el pico. Hay una poética sencillez en ese gesto del ave.

¿Por qué la serpiente es prudente? No se deja ver con facilidad, avanza con sigilo, mira a un lado y a otro antes de actuar. En la vida natural, la serpiente puede atacar a la paloma, pero en el mundo de los símbolos, se puede ser paloma y serpiente, una sencilla prudencia.

Qué es del fanatismo

Señor, hoy he leído que "unos fanáticos de un club de fútbol han atacado a un aficionado de un club rival y lo han dejado con graves heridas que pueden causarle la muerte". *Fanum*, en el mundo pagano, era el templo. Por lo visto, en algunos de esos templos había un tipo de personal que, en su entusiasmo o delirio, se agitaban, saltaban, gritaban. De ahí sale lo de *fanático*. Y lo de los fans o las fans, que siguen a cantantes , artistas de cine o deportistas.

La variedad humana es tal que casos de comportamientos excéntricos, raros, extravagantes hay a millares y me pregunto cómo los ves; quizá, hablando a lo humano, con una eterna sonrisa. Pero esos fanáticos que saltaban y se agitaban no atacaban a nadie. El fanatismo que agrede o asesina en nombre de la afición a algo que idolatra no encuentra justificación alguna. Me parece, Señor, una combinación de soberbia y de ira. De soberbia, porque muchas veces detrás de "mi club" (o mi patria o mi partido o mi clase) está Yo. Por eso, el Yo, sintiéndose, sin razón, agredido, reacciona con ira; y con ira con frecuencia homicida.

No sé cómo preguntarte qué pensabas tú cuando el fanatismo ha tenido cabida en tus seguidores, hasta el punto de que ha habido épocas en las que se podía hablar de episodios de "fanatismo cristiano". Ya sé que el pasado no puede interpretarse con las ideas y sensaciones del presente, pero deja que te diga que, por explicaciones históricas que haya, y por mucho que se haya exagerado para atacar a la Iglesia, no me gusta la Inquisición. He leído que en cierto modo, era la policía de la época, una época en la que lo político y lo religioso no estaban deslindados y no se cumplía lo de "dad al César lo que es del César y a Dios lo que es de Dios". Era una policía, y ya se sabe que en la policía de todos los tiempos ha habido y hay abusos e incluso crueldades por parte de unos pocos.

No consigo entender cómo un inquisidor que leía "Dios es amor" no dimitía de su cargo y se dedicaba a otros oficios, menos nominativamente "santos" pero más de acorde con el querer tuyo. No me sirve, Señor, lo que a veces me dicen: que esos fanatismos sangrientos se han dado en otras religiones. Que el mal esté extendido no lo convierte en bien, como la insistencia en una mentira no hace verdad.

No veo otra explicación que la inclinación al mal, que persiste, junto a la inclinación al bien, en el ser humano, consecuencia de ese pecado de origen, de sinuosa soberbia ("seréis como dioses"), y que tuvo su primer fruto podrido en el crimen de Caín.

Lo cainita es una constante en la historia, Señor, así lo veo. Y no hemos encontrado una palabra para poder decir "lo abelita", por la víctima Abel.

Limpios de corazón

Para verte, Señor, hay que tener limpio el corazón. ¿Cómo se hace eso? Me lo pregunto a propósito de la bienaventuranza sobre los limpios de corazón, que verán a Dios. ¿Cómo es posible verte? Juan escribe que "A Dios nadie lo ha visto jamás". Interpreto que a ti, Padre, porque a tu hijo, Dios contigo, sí lo vieron y trataron y escucharon y tocaron.

Corazón es todo el ser humano, también la cabeza, la mente, aunque a veces se opongan. *Corazón* quiere decir voluntad, sentimientos, pasiones, libertad. Hacer algo *de corazón* es hacerlo por entero, dándose todo. Tu hijo decía: "este pueblo me honra con los labios, pero su corazón está lejos de mí". Y enseñó también que nada exterior mancha al ser humano, sino lo que sale del interior, del corazón, en una enumeración no exhaustiva, pero tan actual hoy como entonces: "Porque es del interior, del corazón de los hombres, de donde provienen las malas intenciones, las fornicaciones, los robos, los homicidios, los adulterios, la avaricia, la maldad, los engaños, las deshonestidades, la envidia, la difamación, el orgullo, el desatino. Todas estas cosas malas proceden del interior y son las que manchan al hombre".

Pienso, Señor, que no se puede limpiar completamente un corazón humano. Es una aspiración. Aunque los pecados sean perdonados, estimo que siempre queda algo. Lo hemos aprendido de David, en el salmo *Miserere*, que se acoge a tu misericordia. ¿A quién, si no? "Crea en mí un corazón puro", es decir, limpio. ¿Hay un trasplante divino de corazón? Pero, a la vez, "un corazón contrito y humillado Tú no desprecias". Me atrevo a corregir a David: no solo no lo desprecias, sino que lo amas.

Lo veo ahora, Señor. Cuando contemplamos tu amor por un corazón contrito y humillado, y la humildad es no solo verdad, como decía Teresa, sino amor, comienza la limpieza... que durará toda la vida. Mantenimiento de limpieza de corazón.

Política y conciencia

Señor, no sé si te va a agradar lo que traigo hoy para hablar contigo. Como hacen muchos hijos tuyos, el tema de su oración es algo que le ha sucedido. Hoy me he encontrado con un amigo que está en política desde que lo conozco, cuando tenía veintitrés años, hasta hoy, que cuenta más de cincuenta. Toda la vida militando en su partido y ascendiendo.

Me ha achacado, con cariño, eso sí, que yo no haya querido nunca meterme en ese mundo, salvo lo de votar cuando toca, es decir, cuando lo deciden los políticos. "Hace falta, me ha dicho, una mayor presencia de los cristianos en la vida pública". Le he contestado que hago lo que hacen millones de personas, y que procuro dar al César lo que del César, que casi se reduce a pagar impuestos, y a Dios lo que es de Dios.

Entonces me he acordado de otras palabras de tu hijo: "Los reyes de las naciones las dominan como señores absolutos, y los que ejercen el poder sobre ellas se hacen llamar bienhechores". Le dije a mi amigo que ahora, en algunos sitios, la situación ha mejorado, pero que también donde se dice que el pueblo es soberano hay señores absolutos disimulados y que ese es un mundo en el que no me siento a gusto.

"Eso es una postura aislacionista", me contestó. Y como no me agradan las discusiones inútiles le respondí que cada caminante sigue su camino. Que me deje en el camino de esas personas que piensan que tratar de vivir como Cristo nos enseña y que actuando con justicia, lealtad y sinceridad contribuyen a que la convivencia sea mejor.

"Pero hace falta una intervención mayor, en punta", siguió él. "Me parece muy bien –le respondí–, rezo para que te vaya bien en tu política en punta". Reconozco, Señor, que terminé así la conversación para quitármelo de encima, y quizá eso no sea muy cristiano.

Pero luego pensé en las frecuentes trampas, actitudes hipócritas, traiciones para medrar, intromisiones en la vida privada de la gente que se dan en el mundo de la política y me quedé, a la vez, tranquilo e intranquilo. Hay personas que encuentran mucho gusto en mandar a otros, quizá porque tienen esa facultad. Tú, Señor, no me has concedido ese don. Ni te lo pido.

Música a lo divino

Señor, gracias por la música. Entre los dones concedidos al ser humano, la música es el que más une, el que por más tiempo sostiene la esperanza y ayuda en los momentos difíciles.

Hoy, Viernes Santo, el día de la muerte de tu hijo, hago esta oración, como en otros años, oyendo algunas partes de la *Pasión según san Mateo*, de ese devoto cristiano que fue Bach. Su música traspasa el alma con sus estructuras bellas. Además, las letras de esas músicas son en sí mismas oraciones. Después del momento en el que Judas traiciona a tu hijo, una voz canta: "Si el mundo es pequeño para ti, sé tú solo para mí más que el cielo y el mundo". O la melodía que sirve de apoyo a las palabras "que se cumpla la voluntad de mi Dios". O, cuando se llevan preso a Jesús, el coro cantando: "dejadle, soltadlo, no le atéis." Con razón, después, otro coro canta: "hombre, llora tu gran pecado".

No solo esta música culta, considerada de las mejores que se han compuesto, también en muchos cantares de la música popular se habla de ti, Señor, invocándote, pidiéndote ayuda. Me emocioné hace poco al oír, en un joven cantaor gitano, un tango cuya letra decía: "O, Señor, ayúdame./ Necesito que me llenes el alma de luz/ porque la tengo herida de tanto sufrir". Con el jipío del flamenco, que te conmueve, porque sale de dentro; es cante jondo.

También la música sin palabras me lleva a ti. Sin palabras, cualquier persona, en cualquier lugar de nuestro mundo, que es el tuyo, puede oír la música que se ha compuesto en honor, es decir, en amor a ti.

A lo largo de mi vida, Señor, he oído muchas de las músicas que se han compuesto para la Misa. Compositores de muy distintas épocas y estilos han entendido la sublimidad de ese momento del *Credo, et incarnatus est*. Mozart, en la Misa en do menor, compone un credo andante, brioso, pero se detiene en ese punto para darnos una melodía que te traspasa. De modo semejante, Beethoven, en la

Misa Solemne, aunque su melodía no alcanza a la belleza de la de Mozart. Bach, en su Misa en si menor compuso una profunda melodía para esa misma frase. Bach, que escribió, que "el sentido de la música es la glorificación".

He gozado y gozo oyendo música de todos los rincones del mundo, siempre que tengan la calidad y el gusto del buen gusto y no caiga en vulgaridades. Música de los grandes maestros, pero también música del pueblo. Y te quería contar hoy que me ha servido como oración un cante de mi tierra. En una sencilla cuarteta he vivido el amor a María y mi simpatía innata por los animales,sobre todo los especialmente leales, como el caballo. La cuarteta es esta:

Mi potro se llama Moro
pero lo llamo Cristiano.
Y tan a pecho lo toma
que se arrodilla de mano
ante la Blanca Paloma.

Blanca Paloma llamamos a la Virgen del Rocío, porque su fiesta y romería se celebra en Pentecostés. Esta relación de María con el Espíritu Santo es de una inefable profundidad, que recordamos continuamente en el Credo: tu hijo, nacido por obra y gracia del Espíritu Santo, de María Virgen. Imaginar al borde de la amplia marisma, en el suelo de albero, a un caballo joven, un potro, que lo veo de color azabache, con una poderosa crin, doblando las patas ante la imagen de la Virgen, me emociona.

Mis amigos, los animales

Me gusta la tradición del buey y la mula en los belenes. Nada más normal que haya animales en un pesebre y es muy de ti que en el nacimiento de tu Hijo hubiera el aliento cálido de esos benditos animales.

Te agradezco, Señor, la creación de los animales. Tu Hijo se comparó al buen pastor que da su vida por su rebaño. Animó a buscar siempre la oveja perdida. Y él mismo ha sido simbolizado como *Agnus Dei*, Cordero de Dios. Nos enseñó a mirar las aves del cielo y a ver cómo, sin trabajo, son alimentadas por ti.

Un escritor del siglo XX, en un libro sobre la Pasión de tu Hijo, señaló así el amor de Jesús por la naturaleza: "A la mitad de la cuesta descansó Jesús. Todos le rodearon. Dos hormigas le subían por la sandalia. El Rabbi las tomó blandamente, y las puso dentro de una flor". ¿Cómo se puede ir contra alguien así? No lo entiendo, pero hay tantas cosas que no entiendo...

Me alegra que vaya creciendo la sensibilidad hacia un trato más humano hacia los animales. Es una pena que el término *animal* se utilice como insulto. *Animal* solo quiere decir animado, con alma. Decir que un ser humano es un animal no es más que afirmar una verdad: un animal racional y amoroso. Se diferencia de los demás animales, pero tiene en común haber salido de tus manos.

Quienes piensen que una mayor consideración por los animales es un rasgo pagano que se lea los primeros capítulos del Génesis, cuando se habla de cómo y cuándo creaste los animales. También sobre ellos dijiste que *era bueno, muy bueno*. Hay una gran diversidad de animales. A través de los tiempos, el ser humano ha domesticado a algunos y se han demostrado dotados de sentimientos nobles y fieles. Me gusta que en el Libro de Tobias, el perrito acompañe al joven y a su guía, tu arcángel Rafael. Y al pobre Lázaro, unos perros le lamieron las llagas, lo que sería un pequeño pero real alivio.

Tus animales, Señor, contribuyen, aunque no lo sepan, a la armonía de la naturaleza. Muchos frutos no se darían si una inmensa variedad de pájaros, además de las trabajadoras abejas y otros insectos no polinizaran las flores. Tú creaste la vida y quieres que cada vida, sea de planta, de animal o de ser humano, experimente una comunión natural, basada en el respeto, el sentido de la belleza y una cierta ternura, la que aparece inmediata en los cachorros.

El dios Planeta

Señor, estoy leyendo un libro con el título *El dios Planeta*. Desde hace ya un tiempo, con toda la razón, millones de personas se preocupan por la suerte de la Tierra y de la atmósfera, que han sido contaminadas, explotadas sin racionalidad, estropeadas. Alguna de esa gente sostiene que el mejor modo de invertir esa tendencia es dar culto a la Tierra, el dios Planeta, como habían hecho algunos pueblos antiguos.

Imagino que muchas de esas personas no te conocen o te conocieron en la infancia y luego dejaron de pensar en ti. Y en sustitución buscan ese culto. Cuando he hablado con algunos creyentes en el dios Planeta les he recordado que está escrito desde hace siglos: "El cielo proclama la gloria de Dios, el firmamento pregona la obra de sus manos; el día al día le pasa el mensaje; la noche a la noche lo susurra".

Les cuento algunas historias que se cuentan de Francisco de Asís: su trato con el hermano lobo; su predicación a los peces. Y, sobre todo ese cántico a las criaturas, algo tan bello que nadie lo ha podido hacer luego mejor. Muchas veces he llevado a mi oración esas palabras:

"Alabado seas mi Señor, con todas sus criaturas, especialmente el hermano Sol, del que nos viene el día y la luz. Él es bello y radiante con gran esplendor, y de ti lleva significación. Alabado seas, mi Señor, por la hermana Luna y las estrellas. En el cielo las has creado, claras, preciosas y bellas. Alabado seas, mi Señor, por el hermano Viento y por el aire y el cielo, sea nuboso o sereno; por todas estaciones por las cuales das sustento a tus criaturas".

Me emociona, en especial lo que dice del agua: "Alabado seas, mi Señor, por la hermana Agua, que es muy útil y humilde y preciosa y casta". Y del fuego: "Alabado seas, mi Señor, por el hermano Fuego, por el cual iluminas la noche y es bello y jocundo y robusto y fuerte".

Llamar madre a la Tierra no le asusta a Francisco, porque también esa madre ha salido de tus manos: "Alabado seas, mi Señor, por nuestra hermana la madre Tierra, que nos da alimento y nos mantiene y produce diversos frutos con coloridas flores y yerba".

Perdona, Señor, que me repita en mis pensamientos, pero si hubiera muchos millones de personas que amasen la Naturaleza como Francisco de Asís, muchos de esos problemas que preocupan tanto, encontrarían una solución ágil y clara y fuerte y bella.

Poesía y oración

Señor, muchas de las oraciones que te han hecho estaban repletas de poesía. Vuelvo a los salmos. Tu Iglesia cuenta con ellos en la Misa y en otras plegarias. No se sabe cuántos o cuáles eran de David. Pero seguro que muchos son suyos. David era músico y poeta. Te cantaba. Hasta llegó a bailar delante del Arca, que era entonces el símbolo de tu protección al pueblo que habías elegido.

Aprecio cuando los salmos llevan comparaciones tiernas y sentidas. Como en el salmo 8: "quiero adorar tu majestad en el cielo/ con los labios de un niño de teta". O en el veintitrés: "El Señor es mi pastor, nada me falta/ hace que repose en verdes praderas,/ me guía hasta aguas tranquilas". O el 42: "como anhela la cierva las corrientes de agua/ así mi alma te anhela a ti". O el 74: "No entregues al depredador la vida de tu tórtola, no olvides para siempre la vida de tus pobres". O el 84: "¡Qué amables tus moradas, Señor, (...) Hasta el pajarillo ha encontrado una casa/ y la golondrina un nido/ donde poner a sus polluelos". O el 91: "No temerás el terror de la noche/ ni la saeta que vuela de día./ Ni la peste que avanza en las tinieblas/ ni la plaga que acecha el mediodía". O el 97: "¡Reina el Señor! ¡La Tierra existe,/ alégrense las islas numerosas!" O el 102: "me parezco al búho del yermo/ a la lechuza que habita las ruinas./ Insomne estoy y pío/ gorrión solitario en el tejado".

¡Cuánta poesía, Señor, se ha hecho para alabarte! En el salmo 103, esta antigua comparación, después muy imitada: "¡El hombre! Como la yerba son sus días./ Como la flor del campo, así florece./ Pasa por él un soplo y ya no existe./ Ni el lugar donde estuvo le conoce".

Dos sonetos de Lope de Vega, pecador y arrepentido, me han ayudado mucho a tratar de querer más a tu hijo. Uno habla de la insistente llamada de Jesús a nuestra puerta: "¡Cuántas veces el ángel me decía,/ alma, asómate ahora a la ventana,/ verás con cuánto amor llamar porfía!/ ¡Y cuántas, hermosura soberana,/ mañana le abriremos respondía/

para lo mismo responder mañana!" Otro soneto se dirige a Jesús crucificado el mismo hombre anterior, siempre dilatando su respuesta a la gracia: "Espero, pues, y escucha mis cuidados./ ¿Pero cómo te digo que me esperes,/ si estás, para esperar los pies clavados".

Una poetisa, Gabriela Mistral, confía en la resurrección de su madre muerta, con la garantía de la Resurrección de Cristo. La última estrofa combina el dolor de la hija y su esperanza alegre:

"Recibe a mi madre, Cristo,/ dueño de ruta y de tránsito,/ nombre que ella va diciendo,/ sésamo que irá gritando,/ abra nuestra de los cielos,/ albatros no amortajado,/ gozo que llaman los valles!/ ¡Resucitado, Resucitado!"

Yo, Señor, también, desde lo que puedo, quiero unirme a ese grupo de gente arrepentida, en un poema, no mío, sino de un buen amigo, que me ayuda siempre. Su poema termina así: "Y que me dejen ser/ caminante en la senda que conduce,/ a la casa del Padre,/ que vigilante espera/ el retorno del hijo,/ en un atardecer de eternidades".

Polvo, nada o algo

Señor, déjame que no esté del todo de acuerdo con esa visión, transmitida durante siglos por una parte de la enseñanza cristiana, de que el ser humano es nada, polvo, ceniza. Ya sé que lo inspiraste en aquello de "polvo eres y en polvo te convertirás". También sé que esas palabras y otras semejantes se pusieron para que aprendiésemos humildad, que viene de *humus*, tierra. Nada peor que "creerse alguien superior a los demás". Eso es soberbia, arrogancia. Un pagano, Píndaro, escribió que somos efímeros, duramos un día; que somos "sombra de un sueño". Pero un cristiano del siglo XVII, en España, Quevedo, escribió un soneto que termina así: "serán cenizas, mas tendrá sentido;/ polvo será, más polvo enamorado".

Déjame escribir que, si nos creaste por amor, y tú haces ser lo que amas, no podemos ser nada, polvo que se pisa. Si cuando creaste el mundo y su variedad de bellezas dijiste: "Todo es muy bueno", no puede ser que el ser humano, para el que hiciste el mundo, con el mandato de que lo cuidase, se contente con imágenes como "gusano despreciable", tanto más que ningún gusano lo es, porque también él es tu criatura.

Uno de tus fieles más intenso, cordial y emotivo, Pascal, escribió que para entender a un autor hay que tener en cuenta sus textos contradictorios. Quizá, mejor que contradictorios, paradójicos, porque la paradoja es una verdad a la que solo se llega pensando un poco más. Tu hijo, nuestro amado Jesús, empleaba paradojas, además de parábolas, para que calaran sus enseñanzas. Dijo que "si el grano de trigo no cae en tierra y muere, queda él solo; pero si muere, da mucho fruto". ¿Nos quieres decir que la humildad es una muerte, pero que abre el camino a una resurrección? Tu hijo, muerto y sepultado, fue ese grano de trigo que cayó en la tierra de su sepultura y que resucitó al tercer día, abriendo la ensenada de la esperanza para todo el género humano.

No sé si me equivoco al pensar que, por eso la humildad está al lado de la esperanza; y que no es triste, ni pesimista, ni nihilista. No podemos ser nada, porque tener el ser de ti es ser mucho. Somos algo, como también el amarillo jaramago, una yerba no de jardines sino del simple campo, es algo y su color supera al de los mejores ropajes de Salomón, también esta una comparación de tu hijo.

Déjame que no esté de acuerdo con una visión lúgubre, tenebrosa y casi inhumana del cristianismo. Cuando tu hijo enseñó que si no nos hacemos como niños no entraremos en el reino de los cielos, quizá se refería a la humildad de los niños, que sienten, aunque no entiendan aún, que todo les ha sido dado. Pero el niño, en esa humildad, es alegre, le gusta jugar, esparce su curiosidad hacia lo más pequeño y, para el adulto, sin importancia.

Enséñame a no ir de nada, a no presumir ni de no presumir, a reconocer que soy tierra, pero tierra en la que muchas personas han ido plantando las semillas de las que no soy más que el fruto o los frutos, unos pasables, otros maduros y otros deteriorados por una humedad, que es primero gris y luego negra.

Pasiones

Señor, te pido que me ilumines sobre el camino de las pasiones. A primera vista parece que son mala cosa, pero leo en Agustín que "las pasiones son malas si el amor es malo, buenas si es bueno". Pero el amor, leo también, es la principal pasión. El mismo Agustín escribe que "mi amor es mi peso; por él voy adondequiera que vaya". ¿Qué amor sino el amor a ti y, en ti, a todo lo que nos atrae por su belleza?

Al lado de mucho amor veo, Señor, que en la Tierra está muy extendida otra pasión, la del odio, que crea enemigos. Y no lo entiendo. Pero si odio lo malo, ese odio es bueno, porque si, por odiarlo, me aparto de él, me acerco a lo bueno. En cambio, si se ama el odio ese odio se multiplica y se extiende. Pienso que eso es lo que se quiere decir en "ama el bien y aborrece el mal".

El odio al prójimo es odio al bien que significa que exista el prójimo. Y casi una de las primeras muestras de ese odio es algo, Señor, que me produce un malestar que se extiende por el cuerpo y el ama: el insulto. Lo veo en la calle, en las riñas. Lo veo en las formas actuales de comunicarse la gente, en eso de las redes sociales. Lo veo en actuaciones de políticos. Pienso que el insulto es como escupir hacia arriba: el mal cae en quien insulta.

Señor, no por méritos míos, sino por tu ayuda, puedo decir que no he considerado ni considero a nadie como enemigo. Sé que ha habido gente que ha estado en contra de mí, intentando y a veces consiguiendo que perdiera trabajos. Pero evocar sus nombres, porque las acciones tienen siempre nombre y apellidos, no me produce rencor, sino sorpresa. ¿Qué mueve a alguien a hacer mal a otro? ¿Acaso le sobra tiempo, cuando el tiempo es escaso incluso para realizar y completar las tareas de esta vida?

Rencor viene de *rancio*, de algo que se descompone y huele mal. El rencor impide tener un corazón libre, alegre, esperanzado. Señor, no dejes que nada se rancie en mí.

Otra pasión muy extendida es la tristeza. Hay momentos en la vida en los que aflora una tristeza natural ante la pérdida o muerte de un ser que se amaba. Pero otras veces hay una tristeza crónica, que es una enfermedad. Señor, me has librado de eso, porque el brillo de la alegría me ha atraído como la melodía de un ángel. He conocido, en cambio, a gente a la que esa tristeza los ha hundido, deprimido, aplastado. Y en medio de ese pozo negro de angustia han llegado a cometer agresiones contra sí mismas.

Y la ira. Hay una ira buena, justificada, como la de tu hijo cuando expulsó a los que estaban profanando el templo, convirtiendo la casa de la oración en una cueva de ladrones. Pienso que no es ira mala la mía cuando he reñido a alguno de mis hijos mayores, no por cualquier cosa, sino por no tratar bien a mi pequeña. O por no ayudar, aunque sea un poco, al trabajo de su madre. A pesar de todo, cuando me enfado me siento mal, porque, pienso, la separación entre ira buena e ira mala es muy sutil. Por eso, en otros casos, cuando veo venir un posible enfrentamiento que a nada conduciría me quito de en medio, pongo tierra por medio.

Las pasiones estarán siempre ahí. Cuando veo que se defiende que el ser humano es pura razón y que, aplicando la racionalidad, se construye todo, sonrío para mí porque a veces eso mismo se defiende con pasión.

De la antipatía

Señor, ya sabes que me gusta estar atento a las complejidades, singularidades y sorpresas del lenguaje. De pronto, una palabra se va poniendo de moda, la utiliza cada vez más gente y se vuelve tópica. Eso ha ocurrido con *empatía*. Ya existía, con mejor sentido, *simpatía*, que es una cualidad indefinible pero que resulta agradable a las demás personas.

Me dirás que a qué viene esto. A decirte, Señor, que no puedo evitar que algunas personas, aun sin conocerlas en directo, me sean antipáticas, por ejemplo cuando las veo actuar o hablar en televisión. Son pocos casos: gente del mundo de la política o de la comunicación.

No sé si eso, para ti, está mal. No juzgo a esas personas, ni se me ocurriría pensar o decir mal de ellas, pero, por utilizar una expresión casi en desuso, "me caen gordas". Digo en desuso porque alguien puede pensar que eso es una ofensa para las personas gordas, perdón, "con sobrepeso". Sabes, Señor, que últimamente se ha extendido lo que se llama "lo políticamente correcto" y hay que tener mucho cuidado con las palabras. Pero, a la vez, mucha gente no tiene reparo alguno en utilizar expresiones que estrictamente son blasfemas.

Otra expresión coloquial refiriéndose a alguien es: "no lo puedo ni ver". A mi me pasa con esas pocas personas. Verlas, sobre todo cuando se nota que mienten, que engañan, es superior a mis fuerzas. No les deseo ningún mal, aunque sí me gustaría que dejasen de atacar lo que no entienden. Y, sobre todo, que dejen de procurar la difusión de normas y comportamientos que sé, Señor, que no te agradan.

No deseo que esas personas me caigan bien, porque, pienso, en conciencia, que no lo hacen. Pero desearía que, al menos, me fueran indiferentes, a la vez que defiendo lo contrario de lo que ellos difunden. Para consolarme de mi defecto, he vuelto a los Evangelios y he leído las invectivas de tu hijo contra algunos escribas y fariseos: hipócritas, sepulcros blanqueados... No oso compararme con tu hijo, pero no creo que te ofenda algún desahogo mío del tipo "que os salga mal el mal" cuando los veo atacar a lo que más amo, a ti, Señor, y a tu Iglesia.

No me refiero, Señor, a casos aislados, porque las meteduras de pata es algo anexo a la condición humana. Me refiero a una política continuada en la que se advierte, sin más, el odio a la religión.

Como niños

Padre, vuelvo sobre una de las enseñanzas más entrañables de Jesús, lo de que "si no os hacéis como niños, no entraréis en el reino de los Cielos". Se citan estas palabras como si fueran un detalle poético que no se puede tomar al pie de la letra. Incluso se cita, casi en contra, un texto de Pablo: "Cuando yo era niño, hablaba como niño, pensaba como niño, razonaba como niño. Al hacerme hombre, dejé todas las cosas de niño".

Pienso que no se refieren a las mismas cosas y, de tener que elegir, me quedo con las palabras del maestro, que sabe más que el discípulo. Jesús se refiere a la esencia de la niñez. Pablo, quizá, a las "niñerías".

Un poeta inglés escribió que "el niño es el padre del hombre". Yo te sé decir que he aprendido mucho de la infancia de mis dos hijos, ahora adolescentes y más aún de la pequeña, Ángela, de cinco años.

Ellos lo esperaban todo de mí y de su madre. Yo lo espero todo de ti. Ellos no se podían dormir sin que yo estuviera un rato a su lado. Yo no me siento bien si no soy consciente de que me escuchas. Ellos creían todo lo que yo les decía. Yo me creo todo de ti. Ellos, ante la mínima dificultad, me llamaban: ¡papá! Yo te llamo también así, y en esto es Pablo el que me da pie, con lo que se demuestra que seguimos comportándonos ante ti como niños: "Que vosotros sois hijos lo demuestra el hecho de que Dios envió a nuestros corazones el Espíritu de su Hijo, que grita en nosotros: ¡Abba!, ¡Padre! ". Abba es papá.

Sé que mucha gente, sobre todo los llamados intelectuales, y no solo hoy sino desde hace siglos, piensa que eso es "infantilismo", un no avanzar hacia la vida adulta, en la que prima lo razonable y el interés. Pero la combinación exclusiva de lo razonable y el interés no se ha dado así, sino con intervención de pasiones, algunas destructivas. O como cuando se piensa que lo más razonable es un egoísmo interesado.

Ser niño a cualquier edad es no perder la ingenuidad de creer que hay millones de gente buena que, con más o menos defectos, consiguen hacer más feliz la vida de los que les rodean. Ingenuo era don Quijote, porque quería realizar el sueño imposible de un mundo mejor, deshaciendo entuertos y ayudando a la causa de la justicia y de la bondad.

Cuando se dice que para las madres, los hijos e hijas, aunque sean ya mayores, siguen siendo sus niños y sus niñas es esa misma lógica divina. Recuerdo las últimas palabras de mi madre, poco antes de morir: "Cuídate, mi niño". Esta infancia no tiene nada que ver con la cronología. Y menos, para ti, Padre, que ya has incluido el tiempo en la eternidad.

Casi despedido

Señor, hoy te traigo una mala noticia para mí y para mi familia. Hasta ahora, gracias a la ayuda de mis padres y a mis estudios, he venido desempeñando un trabajo que, sin traernos mucha prosperidad, era suficiente para llevar una vida pasable. Desde joven he sabido que no sería nunca rico, y tampoco lo deseaba. Pero ahora mi empresa atraviesa un mal momento y me han reducido las horas y el sueldo.

Sé que hay mucha gente que está peor que yo. Ignoro cómo se cuenta eso pero he leído que, hoy día, unos ciento cincuenta millones de personas están en peligro de morir por hambre o desnutrición. Y que, por otro lado, no se sabe cuántas toneladas de alimentos se desperdician.

Cuando pienso en estas cosas, Señor, me parece que contarte lo que hoy quería contarte no tiene importancia alguna. Pero no es por mí, sino por los míos.

Además, siempre me has echado una mano. Poco después de que me redujeran el trabajo y el sueldo, mi suegro, que está muy mayor, me pidió que si podía ocuparme de su huerto y de sus animales, en un pueblo cercano. Quería pagarme algo, pero al final quedamos en que el pago sería que me llevaría la verdura, la fruta y otros alimentos necesarios en mi casa.

Así que me tienes, Señor, cultivando un huerto, a pleno sol, a tu bendito aire, en medio de la naturaleza, que me lleva a ti. Recuerdo que en el Génesis se dice que pusiste a Adán en la tierra, para que la trabajara. Eso, antes del pecado. Después, seguiría trabajando con el sudor de su frente. Hay quienes han escrito que por eso el trabajo es un castigo, pero para mí, Señor, los sudores al trabajar son como lágrimas de agradecimiento.

No sé qué pasará cuando llegue el invierno y el huerto parezca muerto. Me dedicaré a cultivar otras cosas en invernadero. No sé estar sin hacer nada. Pienso, Señor, que trabajar en poner cosas fuera de uno mismo, evita muchos líos mentales, que se desarrollan más fácilmente cuando no se quiere hacer nada.

¿Qué te voy a contar si tu hijo trabajó muchos años como carpintero y como artesano que remediaba lo que estaba roto, mejoraba lo que podía ser mejor, se ocupaba en favor de los demás, cobrando por su trabajo, como es justo, porque, en el mundo, lo que es gratis acaba por no ser valorado?

Pienso, Señor, que los cristianos, ni en escritos ni en las artes, han dedicado la atención que se merece a ese Jesús trabajador, en una vida sencilla, oculta y tranquila. Cristo, contigo Señor del Universo, es representado como Pantocrátor, poderoso y solemne. Pero cómo me hubiese gustado que grandes artistas lo hubieran representado como un joven artesano, haciendo la vida de una bella monotonía, que es la que llevamos la mayoría de los mortales.

La enfermedad

Señor, hace ya unos días no me encontraba bien. A veces se me iba la cabeza y me sobrevenían mareos. Nunca te daré gracias lo suficiente por haberme concedido buena salud, en parte heredada de mis padres. Solo he tenido los resfriados y gripes correspondientes. Pero estos mareos me hicieron pensar si no tendría algo más grave. Los ojos se me nublaban. Sentía unas punzadas en las sienes. Al andar, a veces trastabillaba.

Cualquier ruido inesperado me asustaba.

Fui a la médica de familia porque como sabes de un tiempo a esta parte hay muchas y muy buenas mujeres médicas. Después de los análisis correspondientes me dijo que son achaques nerviosos, frecuentes, añadió, en personas muy sensibles "como es tu caso".

Los mareos se fueron como habían venido, pero no he dejado de pensar en cuántas personas tienen que vivir con enfermedades crónicas, algunas graves. Y en la gente con enfermedades mentales, sin culpa alguna de su parte. No me atrevo ni a pensar en niños y niñas que, a corta edad, están ya lastrados, si no mueren antes, para toda la vida.

Tu hijo, en su tiempo en la Tierra, mostró predilección por los enfermos. Imagino que en los Evangelios solo se cuenta una parte de su dedicación a ellos. Si, como está escrito, "pasó haciendo el bien", curaría todo tipo de enfermedades, de las que en su tiempo no se conocía ni el diagnóstico ni la terapia.

Señor, hoy solo quiero pedirte que ampares a las personas enfermas, que suscites a su alrededor gente que sepan cuidarlas y, si es posible, curarlas. Que les infundas paz en sus sufrimientos.

No he estado ingresado nunca en un hospital. Pero cuando he tenido que ir a ellos para visitar a parientes o amigos, me han conmovido las miradas de enfermos y enfermas, como si estuviesen en un mundo que nunca habían imaginado. En la mirada, también, una paciencia indefinible, inerme.

Duda de Ti

Señor, han pasado varias semanas sin escribir mi oración, aunque ha estado en mi cabeza casi a todas horas. Mi hija pequeña, Ángela, de cinco años, tiene leucemia. En poco tiempo su cara adquirió una palidez incompatible con su color moreno. Mi mujer la llevó al médico, que aconsejó enseguida un especialista y hoy nos lo han confirmado.

El especialista nos dijo que era una leucemia en estado muy avanzado y que era urgente un trasplante de médula. Lo llamé después, sin que lo supiera mi mujer, para preguntarle qué esperanzas de curación había. "Menos de lo que quisiéramos", me dijo.

Te quiero contar que mi mujer, que ha sido siempre muy religiosa, ahora está dudando de tu fe, porque, dice, no tiene sentido que te lleves a una niña pequeña, inocente, buena. "Si este es tu Dios, me dijo ayer, yo no lo quiero".

Me callo y no digo nada. En los últimos días mi hija ha empeorado. Los médicos dicen que está muy débil para cualquier tratamiento.

He recordado el milagro de Jesús resucitando a la hija de Jairo. Señor, yo quiero ser Jairo, pero con tu hijo llegando antes, y para que mi hija sane. Si mi hija muriera, además de partirnos el corazón a sus padres y a sus dos hermanos mayores, mi mujer se apartaría de ti, sin remedio.

No puedo más

Señor, vuelvo al cabo de mucho tiempo. Para decirte que no puedo más. Mi hija

Ángela murió hace un mes y desde entonces he sido incapaz de escribir mi oración. Como te anunciaba, mi mujer no quiere ir a la iglesia, ni rezar. Apenas habla. En el momento de la muerte de Ángela, se me encaró y me dijo: Tu Dios es cruel.

Yo no he dudado de ti, pero he estado en silencio porque el dolor era como una losa que me impedía levantarme. Cada día se me pasan por la cabeza muchos momentos de la vida de mi hija, desde su nacimiento feliz, sin mucho sufrimiento para la madre, hasta la precocidad en andar, en hablar, en empezar a leer.

Ángela era una combinación de paz y de energía. Y muy generosa. Todo lo daba. No se le podía dejar que fuera a la escuela con juguetes, porque volvía sin ellos: los regalaba al primero o a la primera que le dijera cuánto me gusta.

Ángela era alta para su edad, espigada, ágil. Lo que más llamaba la atención eran sus ojos negros, de grandes pupilas, con un brillo en la mirada que parecía iluminar lo que tocaba. Nunca le vimos una rabieta. Si no le dábamos a veces lo que quería, sonreía bajando la cabeza y retorciéndose un rizo del cabello y decía: vale.

Pensando en ella, en que no está, me parece nada todo lo que te he escrito en estos meses. Me he dado cuenta de que una cosa es la teoría sobre el dolor, el sufrimiento y el sacrificio y otra la realidad. Y entiendo que alguien piense que, después de la pérdida de un hijo o una hija, la vida carece de gusto alguno.

Termino aquí, Señor, no tengo fuerzas. Pero te pido que me las devuelvas poco a poco, para poder decir, convencido, "hágase tu voluntad".

Parte segunda. Depende de ti

Unos meses después de que P. hubiera acabado de escribir lo anterior, a pluma, en un sencillo moleskine, en otra noche de marzo, tuvo otro sueño, en el que una voz como de niño, aguda, suave y blanca le dijo: "Oye y escribe".

Al despertase y levantarse, a diferencia de lo que acostumbraba a ocurrir, recordaba por entero el contenido del sueño, y, obedeciendo a la voz, decidió ponerlo por escrito. No podía asegurar que todo aquello proviniese del Padre, pero otras veces había soñado con ángeles y los ángeles son los mensajeros de Dios.

Tu plegaria

Hijo, nunca podrías escuchar y entender la palabra divina, pero me acomodo al lenguaje humano y respondo a tus oraciones. Lo que oyes y luego escribirás no es la esencia de lo que digo, sino lo que tú puedes alcanzar.

Me ha conmovido aquella oración, porque era oración, en la que lloras por la muerte de tu hija pequeña. Decías también que querías ser Jairo. Lo eres. Tu hija vive a mi lado y espera la resurrección de la carne. Su alma pura e inocente alegra el valle, impensable para vosotros, de la vida eterna, donde la alegría sustituye por siempre al sufrimiento. Uso palabras humanas para que me entiendas, pero con palabras humanas no se puede expresar lo que es la vida a mi lado. Como escribe Pablo, "ni el ojo vio, ni el oído oyó, ni al corazón del hombre llegó lo que Dios preparó para los que le aman". Tu hija, ahora, lo ve y lo oye. Díselo a su madre. El tiempo no borra ese tipo de dolor, pero suaviza las aristas y se hace más llevadero si hay una entrega diaria y cordial a los demás hijos.

Todas tus plegarias han llegado hasta mí. Tengo el oído atento incluso a las plegarias intentadas y no hechas. Apruebo tu insistencia, un reflejo humano de esa buena terquedad que enseñaba mi hijo a sus discípulos: "orad sin desfallecer".

He oído tus plegarias y he tardado en responder, para que te dieras cuenta de que en la misma oración está la respuesta. "Mi Padre, que oye en lo oculto..." Como al niño le parece a veces que su padre no le atiende, cuando, en realidad, está pendiente hasta de su menor movimiento, así yo os espero en la repetición porque a veces se da un buen comienzo y el seguimiento se dilata.

"Cuando oréis, dice mi Hijo, no uséis muchas palabras". Tú has sido breve y conciso y yo amo, por hablar como en la Tierra, "ir al grano". Sobre mí se han escrito y escriben innumerables libros, algunos muy sutiles, otros de una complicación innecesaria, otros magníficamente ilustrados, otros para negar mi existencia, otros escritos desde el corazón, otros relatando una experiencia mística, con una finura que no está al alcance de la mayoría de mis hijos. Tú has querido ser sencillo y, salvo algún apunte un tanto excéntrico, lo has conseguido.

Amo el libro. Por eso he querido que algo de lo divino quedase en las Escrituras que llamáis, con razón, sagradas. Algo, no la mayor parte. Al final del Evangelio de Juan se lee que mi hijo realizó muchos otros signos que no se encuentran recogidos en el libro. La palabra humana, hablada o escrita, no alcanza ni al umbral de las moradas de la Palabra, del Verbo, de mi hijo, en quien tengo mis complacencias.

Vuelvo a tus plegarias que, hablando a lo humano, agradezco. Porque veo que la flor de la plegaria está hoy poco cultivada en el mundo en que vives. Hay mucho hablar, mucha palabrería, muchos discursos, muchas voces, pero faltan oraciones. Yo no las necesito, pero las quiero porque comenzar una oración hace mejor al que la inicia. La oración que se me ofrece se convierte en vuestra bendición.

Qué lenguaje

No es fácil hablar de vuestro lenguaje de modo que lo entiendas. Lo de que el origen de la diversidad de lenguas fue en la torre de Babel es un modo de hablar. Teniendo en cuenta el modo de vida, durante miles de años, de grupos humanos aislados es natural que surjan diversidades, entre ellas las de los lenguajes. He perdido la cuenta de cuantos ha habido en el mundo y cuántos quedan, pero son miles. Me dirás: ¿hay un lenguaje mejor que otro? ¿El hebreo, quizá, por aquello de que es el lenguaje de la Biblia? Pero mi hijo, que podía hablar cualquier lengua, hablaba el arameo, la lengua de su tiempo. ¿El latín, que fue la lengua de la Iglesia durante siglos, por más que ahora esté muy abandonado y solo yo sé por qué? ¿El griego o el alemán, para la filosofía? No hay lenguaje superior. Te extrañarás, pero para usarla en humanos, incluso la palabra *superior* no me suena bien.

Ni me convence lo de Ser Supremo. Mi mejor nombre es Amor.

Cada lenguaje, en sus circunstancias históricas y locales, ha servido para la comunicación humana, con la construcción y el léxico que se necesitaban. Lo que pasa es que el lenguaje humano, cualquier lenguaje, es limitado, como lo sois los humanos. No había un modo mejor de haceros que con libertad. La libertad tenía que ser individual, personal, porque, ¿qué querría decir una libertad global? Pero al dividir lo humano en individuos, no hay más remedio que los individuos sean limitados.

Uno de los filósofos griegos que más han dado que hablar puso en circulación el mito de que al principio los hombres eran esféricos, pero luego fueron cortados por la mitad; y de ahí se sacaba lo del amor o tendencia a buscar eso de "mi media naranja".

Como dicen en Italia: "se non è vero, è ben trovato".

A propósito, se habla mucho de mito, como opuesto a lo racional. Se dice que, si lo científico ha de avanzar, lo mítico tendrá que retroceder. No es así. El ámbito de la creencia es muy extenso y de muchos matices. Pero el ser humano necesita mitos y los fabrica de continuo, mitificando épocas, autores, artistas. La fe en mí nada tiene que ver con el mito. El mito es para la historia. La fe en Dios es para la historia metida ya en la eternidad. Mi hijo os lo enseñó: "Regnum coelorum intra vos est", que algunos traducen como "el reino de los cielos está en medio de vosotros". Más claro sería decir que el reino de los cielos sigue creciendo entre vosotros en la medida en que os unáis a mi hijo, que abrió en la Tierra esa *porta coeli*, la puerta del Cielo.

Limitados como sois, el lenguaje sirve para decir muchas cosas, pero no todas. En esto te voy a recordar lo de un poeta al que amas mucho, con toda la razón: mi Juan de la Cruz. Cuando la esposa –la Iglesia, el alma– va en busca de su amado, mi hijo, pregunta a las criaturas. Y estas dicen algo de él, pero no mucho, porque hay "un no sé qué que queda balbuciendo".

Al usar ahora tu lengua para decirte lo que quiero, me doy cuenta de que, si entro en ese mundo, no está solo la imposibilidad de que un ser humano entienda a Dios, sino la dificultad añadida de que tu lenguaje tiene limitaciones, como todas las lenguas.

Orabas, en una ocasión, y te referías a gente sin Dios. ¿Cómo te lo podría explicar? Hicimos al ser humano a nuestra imagen y semejanza. La mejor muestra de esa semejanza es vuestra libertad. Creamos el mundo y todo lo que contiene, no por necesidad, porque no la hay en la plenitud de ser, sino por comunicar el bien. Pero el bien no se apreciaría como bien si fuera algo que se diera por necesidad. Las criaturas no racionales, nuestros queridos animales, viven a la vez en la necesidad y en la felicidad, pero no lo saben. Vosotros, los humanos, tenéis que construir la propia vida con la herramienta de vuestra libertad. La libertad puede ser gloria, pero también dolor.

Amo de un modo especial a los poetas que van, por la belleza, a mi corazón.

Uno de estos poetas, Chales Péguy, escribió esto, atreviéndose a imaginar mis palabras: "Porque yo mismo soy libre, dice Dios, y he creado al hombre a mi imagen y tal es el misterio, tal el secreto, tal el precio de toda libertad. Esa libertad de esa criatura es el reflejo más hermoso en este mundo de la libertad del Creador".

Un santo de vuestro tiempo, Josemaría, escribió que "Dios ha querido correr el riesgo de nuestra libertad". Es así. No hemos creados autómatas, ni inteligencias artificiales, sino carne, hueso, pasión, libertad, corazón, memoria. Cada ser humano tiene su propia conciencia, que le avisa, antes, durante o después de la acción, qué es bueno y qué no lo es. Esa conciencia es libre. Por eso, la libertad de la conciencia ha de ser reconocida como la primera libertad y el derecho básico.

Que haya gente que, en uso de esa libertad, me niegue o proclame mi inexistencia, comprenderás que es algo de ella y que solo afecta a ella. Veo que hay más hombres que mujeres en esa decisión de prescindir de mí. No todas las mujeres llegan a ser madres pero en todas hemos inscrito un sentido del cuidado, del detalle, que les lleva a entender mejor tanto el cuidar como el ser cuidadas. Cuando veo que alguien usa algún tipo de sarcasmo contra una viejecita que acude cada día al templo a pedirme algo, a algunos les gustaría que yo emplease, para esos críticos, el lenguaje del Antiguo Testamento. Pero cada tiempo tiene su estilo. No vamos a lanzar ningún rayo sobre esos "malvados", sino esperar, con la paciencia de la eternidad, a que encuentren su Damasco, como Pablo. Un apunte: Pablo no se cayó de ningún caballo; iba andando. Pero me gusta la imaginación de los artistas: el primer plano de las ancas de un caballo siempre causa efecto.

Veo que te preocupas por problemas de tu época, del tramo de historia que te ha tocado vivir. Es lo que siempre hemos querido, que cada generación se ocupe de su propio tiempo y a la vez prepare lo mejor para la generación próxima. Pero deseo que te des cuenta de que la historia está ya metida en la eternidad. Si la eternidad no fuera hoy no sería eternidad. Eso no quiere decir que las dificultades, los gozos y las esperanzas de cada época no tengan importancia. Mientras son, son lo esencial. Pero, como decía también Pablo, "las figuras de este mundo" pasan. Como en vuestro teatro: de una escena a otra cambia la tramoya.

Mi querido Pascal escribió, para una obra que no le dimos tiempo a terminar, que la gloria y la ambición de un déspota de su tiempo –y ha habido muchos y los sigue habiendo– acabó con un granito de arena que se metió en su uretra. Vemos continuamente a personas que parecen que se van a comer el mundo y al poco tiempo las vemos comidas por el mundo. ¿Dónde están quienes tanto fantasearon sobre mi muerte? ¡La muerte de Dios! Un gran titular. A partir de entonces, aparte de reconocer que "antes" vivía, el hombre sería el dueño de la historia y llegaría por sí solo a la inmortalidad. Los dioses que inventaron en Grecia se reían a carcajadas ante estos gestos de arrogancia. Yo no me río. Si pudiera apenarme, me apenaría.

Hablando de *mundo*, es acertada tu distinción entre mundo como conjunto de lo creado, que es bueno, y mundo como el conjunto de los que se prefieren a sí mismos y me desprecian o ignoran. Y no te voy a negar que ha habido fieles que han puesto tanta furia en condenar el mundo, sin distinción, que la fe en mí parecía exigir ingresar en un área de crueles penitencias, de oscuros augurios, de tenebrosas esperanzas. Si amamos a quien da con alegría es porque el reino de los cielos estalla continuamente en gozo.

Pero de algunas causas que explican esto te digo a continuación.

Mejorar el mundo

Ha habido siempre y la sigue habiendo gente que desea, con pasión casi siempre joven y con una inteligente ingenuidad, hacer cosas para un mundo mejor. Así, en conjunto. Uno de esos maravillosos ingenuos fue Francisco, el de Asís. Seguro que coincides con él en ese amor que demuestras por los animales y por la naturaleza. Llenamos a Francisco de gracias porque era una revolución en su tiempo, cuando empezaba, en lo que llamáis Europa, un culto creciente al dinero y a la riqueza. Empezaba otra vez porque desde el principio, hubo esa "hambre de oro", de la que habla Virgilio. Y entre los griegos, el mito del rey Midas.

La invención humana es a veces admirable. Me gusta la palabra "contracultural". Francisco era contracultural, era un rebelde pacífico, que ponía en vilo a las conciencias anquilosadas. En muchas épocas han sido oportunos los movimientos contraculturales. En tu tiempo, cada vez más. Y ten en cuenta que cuando el vicio se hace cultura, la contracultura ha de ser de virtudes, pero no una cosa santurrona o beata, sino con la audacia de quienes se atreven a dar la vida por lo que realmente hace grande al ser humano.

Contestando a otra de tus plegarias, te digo que como nunca se mejora el mundo es con guerras. A pesar del estilo del lenguaje de algunos libros del Antiguo Testamento, no somos nada guerreros. Como recordabas bien, mi hijo llamó bienaventurados a los pacíficos, a los constructores de paz y no artífices del odio. Derramar sangre ajena fue un crimen en Caín y en todos los que, de un modo o de otro, lo imitan. Si, como está escrito, no queremos la muerte del pecador, sino que se convierta y viva, ¿cómo vamos a querer la muerte de un inocente? Y en las guerras mueren muchos inocentes. Las guerras traen dolor a padres y madres y a novias y a esposas, y a hijos e hijas. Tienes razón cuando dices que eso de "Dios con nosotros" es una invención humana y muy desacertada. No diría que miramos para otro lado, como apuntas, pero casi.

Afirmas que las guerras son promovidas por políticos y otra gente interesada en hacer negocios. No me meteré en cuestiones políticas, porque corresponde, por su libertad, a los humanos. Pero se dice con acierto que todo poder viene de Dios y Dios lo da al conjunto de los seres humanos, a lo que llamáis pueblo. *Vox populi, vox Dei*. Lo que luego haga el pueblo con ese poder es cosa suya. Pero no deja de sorprenderme lo frecuente que es que ese poder llegue a "representantes del pueblo" que son personas interesadas solo en su propio nombre y beneficio, a veces a través de delitos... y de pecados.

Otras veces os veo detrás de una persona que –por sus obras los conoceréis– lo que quiere cultivar es su *ego*, que se piensa, ridículamente, el mayor y mejor del mundo entero. Así, siglos tras siglos, millones de vosotros sostenéis a los tiranos con vuestra inercia. No os fiéis nunca de los que dicen que han sido nombrados o elegidos por nosotros. Eso lo hicimos una vez con Saúl, David, Salomón y sus descendientes y el resultado no es para estar satisfecho. Aunque ya se lo advertimos por medio de Samuel: ¿queréis un rey? Que en esa época tenía todo el poder. Ateneos a las consecuencias.

Estos tiranos, con distintos nombres, no tienen interés alguno en mejorar el mundo, porque les preocupa, antes que nada, alimentar su soberbia y sus riquezas, que tendrán en lo que llamáis, con un nombre que no me agrada, "paraísos fiscales". No hay más paraíso que el que perdisteis en Adán y al que sois llamados todos en Cristo.

¿Qué hay de lo mío?

Sé que estarás pensando, al oírme, en *qué hay de lo mío*. Todos, creyentes en mí o no, no dejan de preguntarse eso. Y no es ninguna falta ni mucho menos egoísmo. Lo del egoísmo es una de las cosas que peor se entienden en vuestro mundo. No será por qué no hemos dado pistas. Cuando tanto en la antigua ley como en la palabra de mi hijo se resume todo en "amar a Dios sobre todas las cosas y al prójimo como a ti mismo", queda claro que cada individuo o persona –me da igual el término– ha de amarse a sí mismo, es decir, buscar el bien para él, y eso no es para nada egoísmo. Si no fuera así no valdría como término de comparación para el amor al prójimo. ¿Y cuál es ese bien que debes buscar para ti? Amarme a Mi. Si me amáis, os amáis; cada uno a sí mismo y cada uno al prójimo.

Apuntabas bien qué lo mejor de lo mejor, lo óptimo, es que os améis como os amó mi hijo, pero que eso no es posible. Y concluías que es posible intentarlo y que ese intento es ya un mejor amor. Es así de claro y lo que cuesta entender –es un modo de hablar– es que no os deis más cuenta.

¿Qué hay de lo mío? Lo tuyo, como lo de cualquiera, es que emplees tu libertad en hacer el bien a tu alrededor, olvidándote del mundo en su globalidad, porque eso es algo que solo yo abarco y si no intervengo más es por eso, porque respeto vuestra libertad individual.

Podrás pensar que actuando así dejo sin valor a numerosos intentos, teorías, organizaciones que tratan globalmente de hacer un mundo mejor. Te equivocarías. Cualquier iniciativa, venga de donde venga, que significa aumentar en el mundo la ración de bien tiene mi bendición.

Pero piensa en esto otro. Supón, por un momento, que de los ocho mil millones que pobláis la tierra, la libertad individual de un buen número, pongamos la mitad, se emplea en hacer el bien a su alrededor. El mundo sería mejor para la casi totalidad de humanos. Siempre quedará un resto, porque siempre habrá gente que empleará su libertad en ella misma (y entonces sí que se puede hablar de egoísmo) y no en contribuir a la felicidad de los demás.

¿Qué hay de lo mío? Lo tuyo es amarme, al menos en una pequeña proporción de lo que yo te amo. Así amarás a los demás, a los de tu alrededor. La suma de esos amores mejorará el mundo.

Me dirás: ¿cómo algo tan sencillo no es más conocido y, lo que más importa, no está más difundido? Y te contesto que volvemos a la libertad individual. Es más: a veces se emplean libertades individuales en construir o montar organizaciones orgullosamente globales, que acaban en manos de unos pocos. El nombre de esas organizaciones puede ser rimbombante, como Asociación Mundial de Ciudadanos, pero al poco tiempo se demuestra su ineficacia. O, lo que es peor, dan la impresión de que están para mejorar el mundo cuando en realidad lo que hacen es marearlo o maliciarlo.

Muchos seres humanos no resisten a la tentación de ser considerados grandes, famosos, célebres. Se desviven para que su nombre y su figura sean objeto de una especie de culto. Gastan mucha energía en darse importancia. Ignoran que para mí la importancia no se mide por aclamaciones ni por visitas en eso que llamáis ahora redes sociales. Para mí la importancia está en amar, en concreto, a quien se tiene al lado. En ayudar al necesitado, en contribuir a la felicidad de quien no la ha conocido nunca.

No existe la soledad

Hijo, sabes que ha habido y hay en el mundo mucha gente, sobre todo en el ocaso de su vida, que viven y mueren solas. Una desgracia repetida. Se trata de una soledad no querida, involuntaria, que nada tiene que ver con la búsqueda de tiempos de soledad voluntaria, como hacía mi hijo en la Tierra, cuando se retiraba a un lugar apartado para hablar conmigo.

Esas personas que viven y mueren solas no lo estarían o no lo están si hablaran más conmigo, si me pidieran que les acompañara, si, además, acudieran a personas que les quieren, porque ellas también le harían compañía.

Veo con agrado que hay muchas personas que se prestan voluntaria y gratuitamente a estar al lado de otras con las que no había antes ningún trato. Ese acompañar al solo es otra de las obras de misericordia.

Te lo repito: conmigo no hay soledad posible. Juan de la Cruz lo cantó como él sabía hacerlo. Estar con Dios es "la noche sosegada/ en par de los levantes de la aurora,/ la música callada,/ la soledad sonora,/ la cena que recrea y enamora".

Piensa que es bueno ejercitarse en la soledad y en el silencio, para hablar conmigo. Mi hijo lo enseñó:

"Y cuando oréis, no seáis como los hipócritas, que gustan de orar en las sinagogas y en las esquinas de las plazas bien plantados para ser vistos de los hombres; en verdad os digo que ya reciben su paga. Tú, en cambio, cuando vayas a orar, entra en tu aposento y, después de cerrar la puerta, ora a tu Padre, que está allí, en lo secreto; y tu Padre, que ve en lo secreto, te recompensará."

También dijo: "Cuando dos o tres están reunidos en mi nombre, allí estoy en medio de ellos". Cuando muchas voces se juntan en la oración, asistiendo al renovado sacrificio incruento de mi Hijo, en la Eucaristía, ese coro de conciencias singulares que se unen encuentran un eco en el canto de mis ángeles.

Buena es la reunión, buena es también la soledad acompañada de la oración personal en lo íntimo de la propia casa o en la casa de la Naturaleza que os he dado. Por eso, si queréis, no hay soledad. Somos los eternos acompañantes de las alegrías y de las angustias que no se os ahorran a cada ser humano.

Alegría de fondo

Te quiero comentar algo sobre esas visiones que dices, oscuras, tétricas, de lo cristiano. Son cosas de otros tiempos. Te gusta citar a Agustín: él, planteándose los cambios que se dan según los tiempos, escribía que "no en vano son tiempos". Concedo la buena fe de la gente que pensaba que, para serme fiel, había que condenar el mundo, así, globalmente. Buena fe, pero equivocación, como sucede con mucha frecuencia con las generalizaciones. Soy yo el único que puede generalizar y no lo hago, porque cada vida es un mundo.

Ese santo de tu tiempo, del que me hablabas, Josemaría, decía que "un santo triste es un triste santo". A esa figura del lenguaje le llamáis "retruécano". Es un triste santo, pero santo, al menos en su vida en la tierra, porque en ninguna de las muchas moradas que hay en mi Casa hay sitio para la tristeza. "¡Resucitado, resucitado!", terminaba un poema que citas. Por hablar para que entiendas, te digo que en mi Casa solo se vive en una estación de primavera eterna. El estallido de vida que allí conocéis, en esa estación, aquí es perdurable.

Hay alegría en la diversidad y así han sido y son mis santos y santas, los conocidos y los innumerables que no conocéis. Hay santos y santas que parecen que apenas pisan la tierra. Y hay otros y otras que tienen salidas como las de Teresa. Lo conocerás. Se quejaba ella a mi hijo de que le diese tantos sufrimientos, tantas enfermedades... Él le dice: "Así trato yo a mis amigos". Y ella, con ese genio suyo: "Así tienes tan pocos". Teresa, la que decía, con razón, que yo también ando "entre los pucheros".

De paso, comento algo que me decías que te causaba inquietud: las reyertas, enfrentamientos e incluso persecución en el seno mismo de quienes se llaman cristianos e incluso entre alguna gente de instituciones religiosas. Una vez más, hablando a lo humano, no lo entiendo. ¿Dónde dejan el amor? ¿Dónde la justicia? ¿Dónde la concordia? Sin darse cuenta, quizá, imitan lo que se ha dado y se da en otros tipos de organizaciones. Pero mi hijo no cargó con los pecados de la humanidad para que luego algunos de los que se dicen sus seguidores se comporten como *mundo*, en el sentido peyorativo. Fíjate que digo siempre algunos. Quienes componen un conjunto no son responsables de las acciones desacertadas o malévolas de uno o de unos cuantos. Esto es algo que no acabáis de entender y es lo que da origen a enemistades crónicas.

Algunos de vosotros, en vuestras oraciones, me habéis preguntado por qué "los buenos" se comportan a veces como enemigos de otros "buenos". Mi hijo os lo había anunciado: "llega la hora en la que todo el que os dé muerte pensará que hace un servicio a Dios". Hay muchas formas de víctimas de esa "muerte". Os pueden querer matar el buen nombre, vuestra devoción, pensando que me hacen un servicio. ¿Cómo responderéis? Juan de la Cruz, que tuvo que sufrir malas acciones de sus propios hermanos, los exculpaba y escribía: "Donde no hay amor, pon amor y sacarás amor".

O bien, como os enseñó mi hijo, "poned la otra mejilla" que significa eso mismo: "poned amor" y no la interpretación literal a la que sois tan proclives, cuando os conviene.

Porque, cuando no, exageráis con los significados simbólicos. "Poner la otra mejilla" es decirle a quienes os ofenden: es inútil que me afrentes porque yo te sigo amando, y deseándote todo el bien posible.

No nos cansamos de recordaros que el reino de los cielos es un reino de alegría. Pablo insistió en eso: "Alegraos siempre en el Señor; lo repito: alegraos". Tenéis la experiencia de una íntima y externa alegría cuando amáis y sois amados. Si sabéis que os amamos, ¿por qué tristeza?

Cómo va el mundo

He visto, complacido, cómo en tus oraciones no te has mostrado quejoso, triste o desesperanzado. Nadie, en el mundo, puede emitir un juicio sobre cómo está el mundo, globalmente. Tenéis un dicho muy apropiado: "cada uno cuenta la feria, según le va".

Te diré después algo sobre una pregunta que se plantea siempre: ¿cómo permito el mal en el mundo? Pero antes quiero que pienses que el principal rasgo que se da en la naturaleza y en las acciones humanas, es la variedad, la diversidad. Cuentan que en un sitio se está produciendo un asesinato, pero en otro una persona se sacrifica por los demás hasta gastar su propia vida.

Si miro el conjunto al mismo tiempo, veo todo tipo de maldades y toda suerte de bondades. Veo la irrupción de vida en el nacimiento de niños y niñas a la vez que el agotamiento y la muerte de personas mayores. Es primavera en unos lugares que están entrando en el otoño.

El sol sale para todos, cae la lluvia sobre justos e injustos. Por eso se equivocan siempre quienes ven un pequeña parte de lo que ocurre y lo generalizan hasta pretender que sea una situación universal. Se equivocan quienes piensan que hay un solo modo de organizar la convivencia humana e intentan imponerlo con la fuerza o la violencia.

Si me preguntaras qué palabras de las que habéis fabricado me gustan menos te daría una lista extensa, pero hay una en particular que me parece tramposa: es *ideología*.

Con ese rótulo se han cometido y cometen injusticias, se ha avasallado la libertad de la gente, se han encaramado en el poder personas que solo buscan satisfacer el propio orgullo.

Llaman *ideología* a lo que es pensamiento e incluso a la religión. No pocas de esas ideologías trafican con la verdad, apelan a las pasiones, exacerban los odios y los enfrentamientos, primero con insultos y luego con formas más extremas de violencia.

Me gustó lo que contabas de cultivar el huerto. Si cada persona humana cultivara bien el propio huerto de su vida, compartiendo los frutos con los demás, aunque no desaparecían todas las tragedias, podrían ser afrontadas con un espíritu alegre y positivo.

Lo del mal

Tengo que afrontar una pregunta que se repite desde hace siglos, muy antigua, aunque algunos la expresan como si ellos la acabasen de inventar. ¿Por qué Dios permite el mal en el mundo? Tú has citado mucho a David. Él y otros autores de los salmos son hasta machacones en este asunto. Que mis enemigos me acosan, que los malos prosperan, que aplastan al inocente... Señor, ¿cómo lo permites?

Entiendes que nadie que intente razonar puede caerme mal –de nuevo, hablando a vuestro modo–, porque le dimos esa capacidad para usarla. Tampoco me disgusta que Epicuro planteara un trilema que luego muchos han repetido como papagayos: lo que en los papagayos es un modo de ser y en los humanos resulta cansino. Pero aquí está el trilema:

"¿Es que Dios quiere prevenir el mal, pero no es capaz? Entonces no es omnipotente. ¿Es capaz, pero no desea hacerlo? Entonces es malévolo. ¿Es capaz y desea hacerlo? ¿De dónde surge entonces el mal? ¿Es que no es capaz ni desea hacerlo? Entonces, ¿por qué llamarlo Dios?"

Esto es marear la perdiz y, de nuevo, ponerse en lugar de mí. Pero entremos en liza. Primero, ¿a qué tipo de mal se refiere? No es lo mismo el mal de un terremoto o de una sequía o de algunas enfermedades que el mal de un asesinato, de una matanza, de una violación, de un genocidio. Hay males naturales y males que dependen, una vez más, de la libertad del ser humano.

Los males naturales obedecen a las leyes de la naturaleza, que son las de su creación. Al tratarse de algo material tienen sus más y sus menos, ha de haber movimiento. Para que el Nilo inunde la ribera esta tiene que estar seca. Si se acumulasen inundaciones sería una catástrofe. Muchas islas se han formado con erupciones volcánicas. No es extraño que en esa zona otro volcán asome su lava. El ser humano puede prevenir o remediar algunos de los males naturales; para eso le dimos inteligencia y hay que decir que últimamente lo hace mejor que nunca, aunque quede mucho en qué progresar.

Voy a decirlo así: la historia natural no es una monótona e interminable llanura sino un siempre cambiante mosaico de diversidad. Si hay una subida tendrá que haber una bajada. Si se juntan elementos que no deberían hay una explosión.

Más costoso de entender es el mal natural de la enfermedad, cuando no es causada por algún vicio o algunos excesos. Te pongo un ejemplo: Noé inventó el vino y, sin saberlo, porque era la primera vez, se emborrachó. Si alguien imita a Noé no solo una vez sino continuamente, y con más consistencia de alcohol, no se debería quejar si al final su hígado se viene abajo. No solo el hígado. Si se examina el cerebro de una persona alcohólica durante tiempo se verá que muchas neuronas están fundidas.

Cuando la enfermedad no viene por culpa propia, sino que es algo de herencia o de contagio, el mal es natural y resulta inexplicable, si no se entiende, si no se cree que las personas que mueren así, y en definitiva todos tenéis que morir, son acogidas en nuestro seno. Te podrás preguntar, como han hecho muchos a lo largo de la historia, quiénes son acogidos con amor y quiénes son rechazados, que eso es lo que se llama infierno. Nadie en la Tierra puede decirlo, ni siquiera los que he puesto al frente de la Iglesia. Se dice bien que "de lo interior del ser humano ni siquiera la Iglesia juzga", a no ser que el ser humano lo confiese. ¿Cómo será el balance o juicio final? Nada podéis saber hasta que se dé, pero mientras tanto es conveniente que recordéis que mi nombre es Amor y mi apellido Misericordioso.

Para otros males, los que dependen de la libertad del ser humano, no me miréis. ¿Acaso organicé yo los genocidios? ¿No fueron y son obras de la libertad de unos cuantos, los que mandan, y de la sumisión, apatía o indiferencia de muchos millones de personas, que callan cuando deberían hablar?

No tengo que recordarte que en el siglo XX hubo, por parte de un hombre y de mucha gente sumisa a él, la perpetración de un genocidio, en el que fueron sacrificados millones de judíos, del pueblo que primero elegí, y millones de otras personas, no judías. Las imágenes de los campos de exterminio horrorizan y horrorizarán siempre. Un filósofo dijo entonces que, después de ver ese horror, era imposible hacer poesía. Fue solo un ocurrencia, de la que luego se desdijo, porque ¿qué tiene que ver la poesía con la maldad?

En ese mismo siglo hubo genocidios en naciones cuyos jefes se declaraban ateos e imponían el ateísmo. Y otros en el continente europeo, en el asiático y en el africano. ¿Qué tiene que ver eso con "el amaos los unos a los otros", que mi Hijo vino a enseñar, sacrificando su vida para que en adelante no hubiera más sacrificios cruentos? Todos los siglos han tenido lo suyo, pero, tanto por el aumento de la población como por una saña inaudita, si se sumase la gente que ha sido inmolada en los genocidios y en las guerras del siglo XX, se vería que ese siglo, orgullosamente "moderno", ha ofrecido el peor ejemplo en la historia conocida.

Sugiero que, en lugar de seguir con el porqué hay mal en el mundo, o, si quieres, a la vez que eso, cada persona, cada individuo, ponga en práctica lo que antes decía: hacer el bien a su alrededor, amar y nunca odiar. Si no puede haber simpatía, por lo menos que haya respeto. Ni las leyes que rigen el universo ni el conjunto de los comportamientos humanos se pueden poner a cero sin que sobrevinieran peores males.

Hay que aprender a arreglar la máquina a la vez que funciona.

Soledad, silencio, brisa

Hijo, has leído al principio del evangelio de Juan: "vino a los suyos y los suyos no le recibieron". No me cuentas nada nuevo sobre la indiferencia o incluso los agravios a mí. Directamente o a través de ofensas a personas que amo, que son todas.

Mi hijo ya pedía que perdonase a los que lo estaban matando, porque no sabían lo que hacían. Palabras debida a su infinita generosidad. Cuando se ofende a Dios, se sabe y a la vez no se sabe lo que se hace. No se sabe todo el alcance, pero se sabe que no se hace bien. Si hablar mal de cualquier ser humano no es bueno, ¿cuesta mucho entender que hablar mal de Dios es por lo menos igual, que no es el caso?

Sucede que no tienen el alma abierta para entender. Tienen ojos y no ven; oídos y no oyen. Recuerda lo que está escrito sobre el profeta Elías: "Y he aquí que Yahveh pasaba. Hubo un huracán tan violento que hendía las montañas y quebrantaba las rocas ante Yahveh; pero no estaba Yahveh en el huracán. Después del huracán, un temblor de tierra; pero no estaba Yahveh en el temblor. Después del temblor, fuego, pero no estaba Yahveh en el fuego. Después del fuego, el susurro de una brisa suave. Al oírlo Elías, cubrió su rostro con el manto, salió y se puso a la entrada de la cueva. Le fue dirigida una voz que le dijo: '¿Qué haces aquí, Elías?'"

Yo estoy en la soledad, en el silencio, en la brisa. No se viene a mí con ampulosas palabras, con sonora charanga, con aclamaciones histéricas. Se viene a mí en la oración, que es brisa para el alma.

Quien piensa que está contra mí no se da cuesta de que, como decís, arroja piedras sobre el propio tejado, porque soy yo el techo que os cubre, la simpatía que os acompaña, el Amor a quien siempre se puede recurrir.

Citabas ese poema en el que mi Hijo está en la cruz, esperando a todos, porque tiene para esperar los pies clavados. Yo espero desde toda la eternidad y mi hijo, eterno conmigo, os lo dijo: "Venid a mí todos los que estáis fatigados y sobrecargados, y yo os daré descanso. Tomad sobre vosotros mi yugo, y aprended de mí, que soy manso y humilde de corazón; y hallaréis descanso para vuestras almas. Porque mi yugo es suave y mi carga ligera".

Suave, ligero, brisa. Me basta una pequeña plegaria. Me basta una leve mirada de agradecimiento. ¿Tan difícil es eso para los humanos?

Lo natural

Hijo, he sonreído cuando has escrito sobre el dios Planeta. No puedes imaginarte cuántos dioses se han inventado los humanos porque me desconocían o porque les convenía para sus intereses. No son dioses, sino ídolos.

Una vez más, la historia es muy antigua. ¿Recuerdas cuando los israelitas, impacientes porque Moisés no volvía de hablar conmigo, pidieron a Aarón que les construyesen un dios y salió aquel becerro de oro? Eso, con becerro o sin él, se ha repetido mucha veces. En lugar de un animal a veces se ha puesto a un ser humano al que se le ha dado culto.

No te importe repetirte en tus ideas y sentimientos. Yo lo voy a hacer también recordando lo que dijimos una vez creado el universo y todo lo que contiene: que era bueno, muy bueno. Si lo creamos muy bueno, ¿cómo vamos a querer esa explotación, ese ensuciar las aguas, ese infectar el aire, ese caerse del hermoso hielo de los polos?

Pusimos al ser humano para que custodiara la Tierra, no para que la masacrara.

Tienes razón en lo del *poverello* de Asís. En cada partícula de lo creado me veía a mí y alzaba su corazón hacia mí. Fue, en la tierra, una singularidad y pocos han tenido después esa sensibilidad y esa capacidad de decir, en pocas y bellas palabras, grandes verdades. No se os pide tanto, pero sí una actitud que amo mucho: el respeto. En tu lengua y en otras *respeto*, viene de "volver a mirar". Es lo contrario de la mirada superficial y trivial. Se vuelve a mirar y se ve que aquello es digno y que ha de ser tratado con manos delicadas y con ajustados gestos.

Me complace que tratéis así el aire, la tierra, el agua, los minerales y las plantas y los animales. Que veáis, antes que su utilidad, su belleza y ese amor por su belleza dará origen a una utilidad respetuosa.

¡Pobre dios Planeta que, al final de los tiempos, se vendrá abajo como una canica arrastrada entre los perdidos caminos de las galaxias!

Mis pequeños

Mi hijo tiene predilección, como yo, por los humildes de corazón. La humildad es una de las realidades que peor entendéis. Por eso soléis caer en contradicciones prácticas, que son también una broma de vuestro lenguaje. Así, "soy humilde" significa en realidad "no soy humilde". El humilde no sabe que lo es: ese es el humilde de corazón. Se considera poco ante mí, sin saber que es mucho.

En la infancia hay una humildad natural, asociada a la inocencia. Pero cuando se llega al uso de razón, que no es un acto único, sino un lento proceso, se puede ir perdiendo la inocencia y con ella la humildad.

Hay hijos e hijas míos que, incluso a edad avanzada, conservan algo de esa inocencia e humildad. Son pequeños al lado de tantos que quieren ser grandes o incluso máximos. Por ser pequeños y sin poder son a veces maltratados, desasistidos, marginados.

Mi hijo los amaba especialmente y decía, con razón, que yo me ocupaba de preferencia de ellos. No para darles grandeza en este mundo, pero sí para preparar su acogimiento en mi seno.

¿Ejemplos de eso? Los hay en los Evangelios: el pobre Lázaro, cuyo mayor deseo era comer las migajas que caían de la mesa del rico Epulón; el publicano, que al lado de las oraciones de soberbia del fariseo, solo se atreve a decir: "ten piedad de mí, pecador"; la viuda a la que te referías, que dio al Templo, todo lo que tenía para vivir... Nunca os habéis detenido a contar los millones de personas en la historia humana y ahora mismo que son así, los pequeños, los sin poder, los desahuciados. Ellos, sin saberlo, son la sal de la tierra.

Os preguntáis a veces: ¿por qué a esos les toca lo peor en esta Tierra? ¿Es lo que tienen que sufrir para luego gozar conmigo por toda la eternidad? No, no es un *quid pro quod*. Mi voluntad es que no haya nadie que sea humillado, despreciado, maltratado, marginado. Tengo que recordarte, de nuevo, que esas situaciones no son queridas por mí, sino que son consecuencias de la libertad del ser humano. El rico Epulón tenía toda la libertad para socorrer al pobre Lázaro y hacer de él un hermano. Pero no quiso. No hemos creado robots, sino seres libres. En uno de los libros del Antiguo Testamento lo dejamos claro: "Quiso Dios dejar al hombre en manos de su propia decisión".

Fue así desde el principio. Adán y Eva pecaron, al desobedecernos, porque eran libres para observar nuestro precepto o para no observarlo. No eran animales irracionales, sino seres humanos racionales y amorosos. Y si por la razón no acababan de entender el por qué del precepto, podrían haber recurrido al amor, porque cuando se ama se desea hacer la voluntad de quien es amado.

Tus defectos

Hijo, hablando a lo humano, te diría que he sonreído cuando me hablabas de personas a las que no puedes ni ver. Podrías considerar a esas personas, en un sentido amplio, como enemigos. Y, en ese caso, ya tendrías la respuesta que dio mi hijo: reza por ellas, aunque te cueste.

Tendrías que pensar que quizá hay personas a las que seas tú quien les caiga mal, algo que está incluido, como posibilidad, en la diversidad de caracteres, de educación y de cultura. Si hubiésemos querido crear un mundo uniforme, con todos los humanos cortados por el mismo patrón, nada de eso ocurriría. Pero, como no me cansaré de repetirte, esa diversidad, incluso los conflictos, son uno de los precios de vuestra libertad.

En estos momentos de vuestra historia muchas relaciones se establecen a distancia, no cara a cara. Te aseguro que si trataras personalmente a esa gente que dices que no puedes ni ver, cambiaría mucho las cosas. Las relaciones a distancia son muy parecidas a los comportamientos de masa. Habrás experimentado alguna vez qué diferente son las personas cuando actúan en grupo y cuando están solas. El grupo permite diluir la respuesta personal.

Me dices que piensas que algunas de esas personas tienen un odio a la religión y que blasfeman de mí. No es nada nuevo: eso se lleva haciendo casi desde que el mundo es mundo. El mal de ese odio no nos afecta, pero desearíamos que no existiese porque es un mal que recae antes que nada en quienes lo hacen y, después, en muchas personas inocentes.

Sabíamos que la libertad que os hemos donado podría dar origen a enfrentamientos, conflictos y odios. Pero también que la libertad sería empleada en acciones heroicas, al servicio de todos; en delicadezas; en ternuras. Eso sube hacia nosotros, como el incienso. En cambio, lo malo, es como un humo negro que se queda pegado al suelo.

Un una palabra: no te atormentes nunca por tus defectos, mientras luches para que disminuyan. No esperamos de los humanos una hoja de servicios en los que no hay ni un fallo. Amamos vuestra imperfección.

Qué es amar la verdad

Hijo, en tus oraciones he visto que no te refieres de un modo directo a qué es la verdad. Esa pregunta está en la mente del ser humano desde que lo creé. Le di inteligencia y el alimento de la inteligencia es la verdad.

Recordarás que Poncio Pilato le hizo esa pregunta a mi hijo, sin esperar la respuesta. Pero la respuesta la tenía enfrente, porque mi hijo es el camino, la verdad y la vida.

Los seres humanos han debatido y debaten sobre la verdad y los resultados son sorprendentes. Para algunos la verdad no existe, pero, a la vez, no tienen más remedio que vivir atendiendo a verdades, sin las cuales la vida de un ser humano, solo o asociado, no subsistiría.

El mundo creado es tan complejo y a la vez inteligible, que el estudio de sus leyes da lugar a verdades comprobables, a veces provisionales pero válidas, y siempre se puede ir a más. La matemática del universo, una vez conocida, da lugar a una multitud de técnicas que pueden mejorar la vida en la Tierra. Pero no olvides que, aplicadas con intención perversa, pueden causar males letales casi al conjunto de la humanidad.

Las mayores disputas se dan cuando las opiniones, que dependen de la libertad personal, se quieren establecer como verdades absolutas. De ahí surgen también enfrentamientos, guerras, toda una reata de crímenes, algunos contra la entera humanidad.

La verdad, sin límites, está en nosotros, como te recordé antes que dijo mi hijo. Ser por esencia, amor por esencia, bien por esencia, verdad por esencia. Es mejor decirlo así que "verdad absoluta", porque "absoluta" quiere decir, "liberado de vínculos" o "desvinculado", pero nada de eso puede aplicarse a nosotros, Origen de todo origen.

Un hombre, llamado Lessing, de vuestro siglo XVIII, escribió algo que se ha lecho después muy conocido: "Si Dios tuviera encerrada en su mano derecha toda la verdad, y en su mano izquierda solo la aspiración siempre viva hacia la verdad, aunque con la advertencia de que puedo errar eternamente..., y me dijera: "¡elije!", yo tomaría con humildad la mano izquierda y diría: "Dame, ¡padre!, pues la verdad pura es ciertamente solo para ti". Es un texto bello, pero algo engañoso. No podemos darle a los humanos toda nuestra verdad, porque lo infinito no cabe en lo finito. Pero alabamos esa aspiración siempre viva hacia la verdad. Si se hace así, no es posible "errar eternamente", porque quien aspira de todo corazón a conocer la verdad de Dios ya está, no errando, sino acertando.

Hay un atajo para dar con la verdad: amarme. Si me amas, tienes ahí la verdad. Eso es lo que quiso decir Agustín cuando afirma del ser humano es "capax Dei", capaz de Dios.

Tomás de Aquino lo subrayó también. Capaz de ser llenado en vuestra limitación. Pero una limitación repleta es plenitud.

Si amas así la verdad, se seguirá la sinceridad en la vida y en las palabras, como habituales y cotidianos servicios amorosos a la verdad.

Depende de ti

Tú me decías al final de tus sentidas palabras: Depende de Ti. Y yo te respondo que sí, pero que, a la vez, *depende de ti* y de millones como tú.

Si nos pusiéramos exquisitos hablaríamos ahora de una cuestión filosófica y teológica que ha estado a veces presente en vuestras discusiones y debates. Dicho de modo sencillo –que es el mejor modo de decir las cosas–, cómo se compagina la eternidad de mi presciencia, el conocer, desde la eternidad, lo que va a suceder con la libertad del ser humano.

No hace mucho, que para mí es no hace nada, hubo una gran discusión entre dos órdenes religiosas, cuyos respectivos defensores se pusieron a veces a caer de un burro, por hablar como vosotros, unos para preservar mi presciencia y otros para defender mejor vuestra libertad. No sacaron nada en claro, como era de esperar. Uno de los sucesores de Pedro, les dijo que mejor dejarlo, que no se atrevieran a acusarse mutuamente de herejes. Yo hubiera añadido, con vuestro refrán, que "obra son amores y no buenas razones". Que se dedicaran, de preferencia, a hacer el bien concreto a su alrededor mejor que a disputas del estilo de cuántos ángeles caben en la punta de un alfiler.

¿En qué se equivocaban? En que, quizá sin quererlo, se ponían en mi lugar. ¿Cómo compagino mi presciencia con vuestra libertad? Yo lo sé, pero no os lo puedo explicar porque no sois Dios.

Otro error es, con la loable intención de explicar todo, no dejar lugar al misterio.

No ya al misterio divino, a otros muchos misterios que se dan en la vida humana. Se entiende que con su inteligencia el ser humano se anticipe al final del mundo y quiera pronosticar cómo acabará todo, como será la absorción del tiempo en la eternidad. No rechazo ni mucho menos condeno esa curiosidad. Sin ella no se habrían dado grandes realizaciones en la historia. Prefiero la inquietud a la actitud pasiva. Perdono más fácilmente a quien se atreve a algo grande y se equivoca que a quien no se mueve nada, para no molestar. Mi hijo lo contó en la parábola de los talentos. Hay que sembrar continuamente para que nunca falten cosechas. Pero no te olvides de que las explicaciones, por sabias que sean, no llegan a un resultado definitivo y completo.

Siempre hay un no sé qué que queda balbuciendo.

Veo a veces cómo algunas personas que he elegido para que fueran pastores, nunca jefes, de la Iglesia, en sus predicaciones y en sus documentos utilizan un estilo generalista y no descienden hasta una llamada a cada conciencia personal. Sé los nombres y apellidos de todos mis hijos. No espero una oración global, sino la suma de millones de oraciones personales, también cuando acudís a celebrar la Eucaristía. Ahí cada persona ha de unirse a mi hijo, en la renovación de su sacrificio, y es así cómo esa oración llega hasta mí.

"El mundo va mal". "El mal se extiende". "Hay que mejorar el mundo". Lo oirás, como yo, repetido cada día. "Depende de Ti", me dices tú y muchos millones de personas. Y yo te digo, a ti y a todos, que "depende también de ti". De tu oración y de tus acciones.

De tu libertad. Sin olvidar que como termina un libro sobre la vida de un cura rural, "tout est grace", todo es gracia. También tu libertad es gracia, sin dejar de ser libertad.

La Belleza

Me agradó lo que escribiste en tu oración sobre la belleza. Mi nombre es Amor, mi nombre es Belleza. En todo lo creado hay una irradiación de esa belleza. Por eso subsiste. La atracción por la belleza mueve el mundo y mueve a todos los seres humanos, lo sepan o no.

Tenemos mucha materia de queja por la actuación de los seres humanos, pero también motivos de aplauso. Uno de ellos es la capacidad para, partiendo de lo bello natural, crear belleza en tantas distintas artes y en los comportamientos. En el Antiguo Testamento, en varias ocasiones se dice que Dios se arrepintió de haber creado a los seres humanos, por el mal que hacían. Te lo recuerdo de nuevo: es una manera de hablar de modo que nos entendáis. Aunque solo fuera por vuestra creación de belleza habría compensado –y es otra forma de hablar– haber creado el mundo.

¿Quieres la mejor muestra? María, escogida como Madre de mi hijo y, por eso, también madre de todos vosotros, es *tota pulchra*, toda hermosa, no hay en ella defecto alguno. Su belleza, su humildad, su compasión, su ternura, su delicadeza han atraído hacia mi hijo a muchos que estaban lejos de él. Muchos miles de pinturas, de iconos, de esculturas la representan

Sabemos que no podéis adentraros ahora en el misterio de nuestra Trinidad ni en el de la Encarnación de mi hijo. Ya habrá eternidad para eso. Pero María está ahí, a vuestro lado. Una mujer que crió a un hijo, sin acabar de conocer su destino, aunque lo ponderaba en su corazón. Una mujer que acompañó a su hijo en el camino al Calvario y lo vio morir. Hace siglos se compuso un canto sobre eso, *Stabat Mater*, y cientos de músicos le han puesto música. *Stabat*, en pie junto a la Cruz. Músicas piden esas bellas cadencias:

Vidit suum dulcem natum/ morientem desolatum dum emisit spiritum, vio a su dulce nacido, morir, desolado, al entregar el alma.

Mucha gente del pueblo, que cuando no es engañada, entiende a fondo más que muchos que se piensan sabios, se ha dado cuenta y ama y venera a María en todo el mundo. Quizá no calan en la profunda sabiduría de la Madre de mi hijo, pero saben que, intercediendo, ella llega a nuestro corazón. Veo que alguna vez se han leído mal las palabras de mi hijo cuando, en aquellas bodas de Caná, ella le dice: "No tienen vino". Él responde: "¿qué tenemos que ver tú y yo?" Que es como decir: es algo que no nos afecta. Pero, ¿qué leemos a continuación? Ella dice a los que servían: "Todo lo que él os diga, hacedlo". Porque está segura de que su hijo, pese a esa reticencia inicial, hará lo que ella ha sugerido con delicadeza.

Ella está siempre en el detalle. Y Jesús, en lo humano, sale a ella, porque los hijos se parecen a su madre. En un himno antiguo, *Ave maris stella, se dice: Monstra te esse matrem*, muestra que eres Madre. Se entiende, pero no hay necesidad de recordarlo, porque su maternidad se anticipa siempre.

Hijo, dile a tu mujer, para consuelo por la muerte de la pequeña Ángela, que la niña no ha perdido una madre, sino que ahora tiene dos: una aquí abajo y otra, María. ¿Quién mejor que la Madre de Jesús para cuidar de la inocencia?

Se le dice en la oración *Salve, Regina*: "a ti suplicamos, gimiendo y llorando, en este valle de lágrimas". Al autor, con la mejor intención, se le fue ahí un poco la mano. Mejor: "a ti suplicamos, gimiendo, llorando y riendo en este alegre valle de lágrimas". Dios es Dios de vivos, no de muertos. Para los vivos, ahora y eternamente después, está hecha la alegría.

Y, sí, os espero, como dice el poema de tu amigo, "en un atardecer de eternidades".

www.ingramcontent.com/pod-product-compliance
Lightning Source LLC
La Vergne TN
LVHW010109170826
845678LV00012B/2308

9788417539726